1일 1개 버리기

오늘도 버릴까 말까 망설이는
당신을 위한 특별처방전

미니멀리스트 **미쉘**

즐거운상상

시작하며

물건을 줄이면 집, 일상, 인생이 가벼워집니다

제 친정은 일본 도호쿠(東北)지방의 야마가타에 있는 선종사찰입니다. 절 본당은 꼭 필요한 물건으로만 단정하게 정리되어 있습니다. 그곳에 흐르는 공기는 늘 맑고 편안해서 어릴 때 본당에서 자주 낮잠을 잤던 기억이 납니다. 아무것도 없는 그 공간에서 느긋하게 쉴 수 있었지요.

하지만 그렇게 물건이 적은 깔끔한 공간의 장점을 체험했으면서도 어린 시절, 제 방은 무척 지저분했어요. 잡화를 너무나 좋아하고 균일가숍에 가는 것이 취미일 정도라 학교 기숙사의 좁은 방은 점점 물건에 점령당했지요. 게다가 정리하는 것을 싫어해서 방은 항상 너저분했습니다.

창피해서 친구를 초대하는 것은 엄두도 못 냈고 기숙사 선생님이 "이런 방은 지금껏 본 적이 없다!"라며 어처구니 없어 할 정도였답니다.

어른이 되어 결혼을 한 후에도 잡화를 좋아하는 것은 여전했지요. 그런데 친정에 와서 본당에서 잘 때마다 우리집도 깔끔하게 치우고 싶은 강한 열망을 느꼈습니다. 그러던 중, 한 가지 사건이 발생했습니다.

저희 가족은 전근이 잦은 남편 때문에 자주 이사를 해야만 했습니다. 그런데 미국에서 일본으로 돌아왔을 때, 한 달간 짐이 도착하지 않는다는 충격적인 연락을 받은 것입니다. 무척 당황했지만 할 수 없이 최소한의 물건만 갖추고 그럭저럭 생활하게 되었어요. 그런데 그 한 달이 생각했던 것보다 훨씬 편하고 쾌적했습니다. 미국에서 짐이 오지 않아도 상관없다고 생각할 정도였습니다. 그때부터 물건을 줄이는 일상이 시작되었습니다.

집 안에 많은 물건이 있으면 그만큼 관리는 힘들어집니다. 제게 정리할 능력이 없는 이상, 해결 방법은 물건을 줄이는 것뿐이었어요. 하지만 정작 버리려고 하면 자꾸 망설여졌습니다. 한꺼번에 많은 물건을 처분하려면 시간과 에너지가 필요합니다. 몹시 힘든 일이라 도중에 여러 번 포기하기도 했어요.

그래서 대충형 인간인 저도 무리하지 않고 지속할 수 있도록 '1일 1개 버리기'로 허들을 가장 낮게 설정해보았습니다. 1일 1개니까 시간은 1분도 걸리지 않습니다. 어느 날은 영수증 한 장만 버려도 괜찮습니다. 컨디션이 좋을 때는 큰 물건을 처분할 때도 있으니까요. 작심삼일인 저도 매일 지속할 수 있었습니다. 조금씩 물건이 줄어들면서 일상과 마음이 부쩍 편해졌습니다.

　요즘에는 편리해보이는 물건, 있으면 멋지게 보일 것 같은 물건 등 매력적인 물건이 산더미처럼 많습니다. 하지만 그런 물건을 많이 가지고 있다고 기분 좋게 살 수 있는 것은 아닙니다. 물건은 꼭 필요한 적당량만 있으면 됩니다. 또 물건을 줄인 덕분에 제게 있는 물건 하나하나를 차분히 음미하면서 즐길 수 있는 시간이 생겼습니다.

　일본 선종의 격언 중에 '지금 가진 것에 만족하라.'라는 말이 있습니다. 사실 물건을 줄인다는 것은 버리는 것에 포인트가 있는 것이 아닙니다. 가지고 있는 물건을 소중하게 사용하는 것, 그 물건으로 충분하다는 것을 깨닫는 것. 이를 위해서 사용하지 않는 물건을 줄이는 것입니다.
　물건을 줄이면 집, 일상, 인생이 가벼워집니다. 기분 좋은 생활을 위해서 여러분도 하루에 하나씩 비워보지 않으시겠어요?

미쉘

Living room

거실은 가족 모두가 사용하는 곳. '이곳만은 언제나 물건을 적게 두고 심플하게' 유지하자고 처음부터 정해두었습니다. 개인 물건은 가능하면 두지 않습니다. 장식도 약간만.

물건이 적은 우리집을 소개합니다

kitchen

family data
가족 구성 : 저와 미국인 남편, 큰아들(12살), 큰딸(10살), 막내아들(7살). 이렇게 5명.
전근이 잦아 일본과 미국 각지를 떠돌다가 지금은 요코하마에서 지은 지 30년된 단독주택에 살고 있습니다.

빛과 바람이 잘 통하는 창이 있는 주방. 요리와 관리가 쉬운 것이 우선이므로 조리 도구와 그릇의 수를 최대한 줄였습니다. 가능하면 물건이 나와 있지 않도록 서랍 또는 선반에 넣어둡니다.

Dining room

이곳에 가족 식탁이 있습니다. 선반장이 두 개 있지만 물건을 거의 넣지 않았습니다. 한쪽은 주로 블로그에 올리거나 책에 쓸 사진 촬영용 작업대로 사용.

주방과 식탁의 동선 안에 있는 곳입니다. 각자 아침 식사 준비를 할 수 있도록 선반 위에 토스트기와 커피메이커를 놓았습니다. 옆에 있는 책상에서 제가 일을 하거나 아이들이 숙제를 합니다.

entrance

책가방을 멘 아이들이 지나다니기 쉽도록 아무것도 놓지 않습니다. 바닥에 아무것도 없으면 청소하기 쉽습니다. 덕분에 모래나 먼지가 쌓이지 않아 깨끗한 바람이 집 안으로 들어옵니다.

Contents

시작하며 물건을 줄이면 집, 일상, 인생이 가벼워집니다 / 002

Part 1. 물건을 줄이는 법

물건을 버리는 이유 1
집이 어질러지는 것은 물건이 너무 많기 때문입니다 / 012

물건을 버리는 이유 2
1일 1개, 뭐든지 좋으니까 버리는 습관을 기른다 / 014

물건이 줄어들면 좋은 점 1
청소가 쉬워진다 / 016

물건이 줄어들면 좋은 점 2
시간에 여유가 생긴다 / 018

물건이 줄어들면 좋은 점 3
생활과 마음에 여유가 생긴다 / 020

물건이 줄어들면 좋은 점 4
가진 것을 내려놓아야 소중한 것을 얻을 수 있다 / 022

물건을 버리는 법 1
버릴 때는 심플하게 생각한다 / 024

물건을 버리는 법 2
버린 후의 상쾌함을 맛보고 스스로를 칭찬한다 / 026

물건을 버리는 법 3
먼저 기준 선을 정한다 / 028

물건을 버리는 법 4
가족의 물건은 손대지 않는다 / 030

물건을 버리는 법 5
좀처럼 버리기 힘들 때 / 032

물건을 버리는 법 6
버릴 수 없는 것은 없다 / 034

한번 해보자! / 036
지갑 | 가방 | 문구용품 | 현관 | 세면실 | 책장 | 주방 | 옷장

'1일 1개 버리기' 실천법 1
내가 꿈꾸는 모델 설정하기 / 046

'1일 1개 버리기' 실천법 2
'버리기'를 돕는 장치 마련하기 / 048

'1일 1개 버리기' 실천법 3
버린 것 기록하기 / 050

'1일 1개 버리기' 실천법 4
마법의 도구, 스마트폰 카메라 활용하기 / 052

'1일 1개 버리기' 실천법 5
가을 대청소로 물건 총 점검하기 / 054

Column 1 1일 1개 버리기 / 056

| Part 2. | 물건을 다루는 법 |

물건을 즐기는 법 1
하루에 한 번, 즐기는 시간을 갖는다 / 062

물건을 즐기는 시간 / 064
아침 | 낮 | 저녁부터 밤

물건을 즐기는 법 2
즐기기 천재인 아이들에게 배우기 / 068

물건을 즐기는 법 3
넣어두지 않고 자주 사용하기 / 070

물건을 즐기는 법 4
물건만 아니라 '경험'도 즐긴다 / 072

물건을 고르는 법 1
이거다 싶은 것은 빨리 산다 / 074

물건을 고르는 법 2
좋아하는 물건은 반복 구매한다 / 076

물건을 고르는 법 3
갖지 않는 물건, 사지 않는 물건 정하기 / 078

물건을 고르는 법 4
매주 금요일엔 꽃을 장식하기 / 080

물건을 고르는 법 5
내 마음에 꼭 드는 물건 사기 / 082

물건의 양을 유지하는 법
적당량을 유지한다 / 082

 Column 2   1일 1개 버리기에 도전! / 092
호소다 씨의 1일 1개 버리기 / 096

 Column 3   친정엄마에게 물려받은 것 / 098

| Part 3. | 심플하게 생각하는 법 |

생각을 정리하는 법 1
필요없는 생각은 버린다 / 102

생각을 정리하는 법 2
고정관념에 얽매이지 말고
필요없는 일은 하지 않는다 / 104

생각을 정리하는 법 3
가장 중요한 것은 기분 좋은 상태로 있는 것 / 108

마음을 다스리는 법 1
가족에게도 지나치게 기대지 않는다 / 112

마음을 다스리는 법 2
답답한 마음이 지속될 때는 / 116

마음을 다스리는 법 3
직감을 믿는다 / 118

 Column 4   모두의 1일 1개 버리기 / 120
버린 물건 리스트 / 126

끝으로   누구나 가능한 즐거운 심플라이프 / 127

Part 1. 물건을 줄이는 법

생활의 여유를 꿈꾸며 들여놓은 물건들.
하지만 지나치게 늘어난 물건으로 인해 여러 가지 힘든 일이 생겼습니다.
많은 물건을 비우고 제가 얻은 것은 원래 꿈꾸었던 홀가분한 생활입니다.

물건을 버리는 이유 | 물건이 줄어들면 좋은 점 | 물건을 버리는 법 | '1일 1개 버리기' 실천법

| 물건을 버리는 이유 1

집이 어질러지는 것은 물건이 너무 많기 때문입니다

방에 물건이 넘쳤던 학생 시절, 기숙사방이 그렇게 늘 어질러져 있는 것은 제가 '정리를 잘 못해서'라고 생각했습니다. '어차피 나는 정리를 못하니까 방이 이렇게 지저분해도 어쩔 수 없어'라는 생각을 마음속에 어렴풋이 품고 살았던 것 같습니다.

하지만 미국에서 일본으로 돌아와 물건이 없었던 한 달 동안, 우리집은 거의 어질러지지 않았습니다. 물건이 적기 때문에 옷장과 서랍 속은 여유가 있었고, 넣고 꺼내기 쉬웠으며 물건의 제자리가 명확했습니다. 그다지 노력하지 않아도 가볍게 정리할 수 있었어요.

애초에 어지르려고 해도 그 재료가 되는 물건이 거의 없습니다. 요컨대 문제는 저였다기보다 '너무 많은 물건'이었다는 것이지요. 그것을 처음으로 깊이 깨달았습니다.

그 즉시 물건의 양을 줄이기 위해서 필요없는 물건을 버리기 시작했습니다. 가장 먼저 현관, 다음은 거실, 옷장 등 짬이 날 때마다 물건을 비워나갔습니다. 하지만 아무리 열심히 버려도 생활이 편해졌다고 느낄만큼 물건 양이 눈에 띄게 줄지는 않았습니다.

다시 생각해보니 가끔 몇 개 버린 물건의 양보다 매일 집으로 들어오는 물건의 양이 많았습니다. 가방 속, 우편함, 또 아이들의 책가방을 통해 물건은 매일매일 집으로 들어옵니다. 집 안에 있는 물건의 양을 줄이려면 매일 물건을 내보내는 습관이 필요하다고 느꼈습니다. 이렇게 매일매일 물건을 처분하는 생활이 자리를 잡게 되었습니다. 몇 개월이 지나자 드디어 실감할 수 있을 만큼 물건이 줄었습니다.

미국에서 돌아왔을 때처럼 물건이 적은 것은 아니지만 수납을 고민하지 않아도, 무리없이 정리할 수 있는 '적당량'을 갖게 된 것입니다. 정리는 한번 하면 끝나는 것이 아닙니다. 살아있는 한 '평생' 지속되는 것입니다. 새삼스럽게 그런 생각을 하니 정신이 아득해지지만 물건이 적으면 정리가 무척 심플하고 간단합니다. 미리 걱정할 필요는 없습니다.

우리집은 매일 자기 전에 아이들과 함께 집을 정리해서 리셋합니다. 그런데 겨우 3분이면 끝납니다. 매일 부담없이 정리할 수 있을 만큼 물건을 줄였기 때문에 생활의 스트레스가 크게 줄어들었어요.

서랍 안을 물건으로 꽉 채울 필요는 없습니다.
이 정도가 충분한 적당량입니다.

물건을 버리는 이유 2

1일 1개, 뭐든지 좋으니까 버리는 습관을 기른다
- 아무것도 버리지 못한 날은 영수증도 OK

집 안에 물건이 너무 많으면 무엇이 얼마만큼 있는지 파악하기 어렵습니다. 어떤 것이 여러 개 있는지, 또 어느 것이 사용하지 않는 물건인지를 한눈에 인식할 수 없다보니 버릴 물건을 판단하지 못하게 됩니다. 그래서 옷장부터 한번에 물건을 줄이려고 마음먹었다가도 시작할 엄두가 나지 않아 '오늘 말고 다음에 하자'고 주저앉기도 했습니다.

이와는 반대로 가지고 있는 물건을 파악하지 못한 채로 무리해서 많은 것을 버렸다가 필요한 옷까지 없앴다고 후회하는 경우도 있었습니다. 처음부터 물건을 단숨에 줄이려고 하면 큰 에너지와 능력이 필요합니다.

그래서 저는 '1일 1개, 매일 버린다.'라고 정했습니다. 복근 운동도 '매일 20번씩 3세트' 같은 목표를 정하면 많은 노력이 필요하지만 1일 1개씩이라면 쉽게 지속할 수 있습니다. 부담을 줄여서 저같은 '대충형 인간'도 습관화할 수 있도록 설정한 것입니다.

방법은 정말 간단합니다. 필요없는 물건을 1일 1개씩 버리는 것. 그것뿐입니다. 버릴 물건이 없는 날엔 지갑 속에 있는 영수증도 좋습니다. 처음엔 뭘 버려야하나 고민하는 날도 있었지만 3주 정도 지나자 특별히 의식하지 않고도 버릴 물건을 찾을 수 있게 되었습니다.

그 사이 버릴 것을 찾는 것에 재미를 붙여서 손이 저절로 처분할 물건으로 가는 경지에 이르게 되었습니다. 물건이 줄어들면서 내 안에서 '이것만은 절대 버릴 수 없다.'는 생각도 약해졌습니다.

머리로 생각하지 않아도 몸이 저절로 움직이게 되면 습관들이기 성공. 습관은 평생 지속됩니다. 저는 지금도 저만의 속도로 기분 좋게 물건을 줄이고 있습니다.

선종의 글귀 중에 '시시동불식(時時動拂拭) : 부지런히 닦는다.'라는 것이 있습니다. 매일 쌓이는 것은 미루지 말고 부지런히 쓸고 닦을 것. '매일 쌓여가는 것이 바로 인생'이라는 가르침입니다.

일단 지갑 속에 있는 영수증부터!
처음부터 무언가 커다란 물건을 버리려고 애쓰지 않아도 괜찮아요.
중요한 것은 쌓아두지 않고 버리는 습관을 기르는 것입니다.

물건이 줄어들면 좋은 점 1

청소가 쉬워진다

저는 정리가 서툰 것은 물론 청소도 좋아하지 않았습니다. 전에는 바닥, 선반, 카운터같은 모든 표면에 뭔가가 다닥다닥 올려져 있었습니다. 그래서 청소를 하려면 그 물건들을 하나하나 치워야했습니다. 게다가 물건 자체에 붙은 먼지도 전부 닦아내야 한다는 생각만으로도 너무 귀찮고 부담스러웠습니다.

==물건을 없앴더니 청소할 때 아무것도 걸리는 것 없이 싹 닦기만 하면 됐습니다. 이번에도 문제는 제 능력이나 성격이 아니라 '물건이 많아서 청소하기 귀찮은 집'이었다는 것을 실감했습니다.==

물건을 줄여서 청소하기 편한 집이 된 후로 더러운 곳을 보고도 못 본 척하는 일이 사라졌습니다. 발견하자마자 싹 닦습니다. 저걸 닦아야겠다고 생각할 틈도 없습니다. 지금까지는 무슨 요일 오전 중에는 청소기를 돌려야한다는 무거운 의무감으로 청소를 했지만, 발견했을 때 해버리면 그 일이 간단해집니다.

집 안이 반짝반짝해야 만족하는 사람은 청소 시간을 따로 잡아야겠지만 저는 그럭저럭 깨끗하면 OK. 이 정도의 청소만으로도 충분히 기분 좋게 생활할 수 있습니다.

'슬쩍슬쩍 쉽게 하는 청소'를 위한 중요 포인트는 청소 도구를 바로 쓸 수 있는 장소에 두는 것입니다. 일부러 가지러 가야하는 수고를 없애고, 보다 재빨리 치울 수 있도록 하는 것입니다. 식사를 마치면 식탁 근처에 둔 무선 청소기로 바닥을 바로 청소. 이를 닦을 때는 세면대에 있는 멜라민 스펀지로 세면대를 싹싹. 생활의 흐름 속에서 대부분의 청소를 끝낼 수 있습니다.

치워야 할 것이 없으면 어린 아이도 편하게 청소를 도울 수 있습니다. 마치 놀이를 하듯 청소를 돕는 막내아들입니다.

아침 식사 후에 30초 정도, 지저분해지기 쉬운 식탁 주변을 재빨리 청소기로 돌립니다. 가족이 모이는 거실은 조금 더러워졌다고 느끼는 순간 바로 청소기를 돌립니다.

| 물건이 줄어들면 좋은 점 2 |

시간에 여유가 생긴다

만약 하루가 25시간이라면 늘어난 1시간 동안 무엇을 하고 싶으세요? 책을 읽을까, 텔레비전을 볼까, 아이들과 느긋하게 보낼까. 즐거운 고민입니다. 정말 시간만큼 소중한 것은 없는 것 같습니다.

집이 잡다한 물건으로 넘쳤을 때는 집안일, 육아, 업무에 쫓겨서 시간 여유가 전혀 없었습니다. 물건이 많으니 무언가를 하려고 해도 필요한 물건이 바로 보이지 않아 이곳저곳 찾아야했어요. 작업을 위한 빈 공간을 만들기 위해 물건을 옮겨야 하는 등 시간 낭비가 많았습니다. 설거지 하나를 해도 그릇을 넣고 정리하는 데 오래 걸렸어요. 아이들과 시간을 보낼 때도 재촉하면서 정신없고 부산스럽게 보냈습니다.

물건이 적어진 후부터는 어디에 무엇이 있는지를 한눈에 파악할 수 있어서 물건을 찾으러 다니는 일이 없어졌습니다. 집이 정리되어 있으니 물건을 치우지 않고 바로 작업을 시작할 수 있습니다. ==많은 물건에 빼앗겼던 시간과 수고가 사라집니다. 덕분에 하루가 원활하고 효율적으로 흘러갑니다.==

세상에는 시간 단축을 위한 수많은 아이디어가 넘칩니다. 그런데 시간 여유는 그저 물건을 줄이기만 해도 얻을 수 있습니다. 무조건 빨리 해치우기만 했던 설거지는 차분한 마음으로 정성껏, 가끔은 그릇의 문양을 즐기면서 하게 되었어요.

또 아직은 엄마랑 노는 걸 좋아하는 막내아들과 트럼프나 테이블 탁구를 함께 합니다. 제 시간도 충분히 가질 수 있게 되어 느긋하게 차 한 잔을 마시면서 쉴 수 있습니다. 그토록 소망했던 일상의 꿈들은 하루가 24시간 그대로라도 이룰 수 있습니다.

아이들과 함께 빠져있는 테이블 탁구. 거의 매일 즐기고 있어요.
호로피(HoRoPii)의 '휴대용 탁구 네트 세트'.

물건이 줄어들면 좋은 점 3

생활과 마음에 여유가 생긴다

잡념과 물건의 양은 비례한다고 합니다. 집안이 물건으로 넘쳐서 늘 잡다한 물건이 보이는 환경에 있으면 필요없는 온갖 정보가 머릿속까지 점령해서 답답해집니다. 왠지 모르게 조급해지고 늘 뭔가에 쫓기고 있는 느낌이 들지요.

더러운 방에서 살았을 때는 그런 잡념에 쫓겨서 내가 무엇을 좋아하는지, 정말 하고 싶은 것은 무엇인지 잘 몰랐습니다. 마치 안개 속에 있는 것처럼 마음이 늘 갑갑하고 짜증스러웠어요. 그래서 스트레스를 풀기 위해 귀엽고 싼 물건을 계속 사들이는 악순환에 빠졌습니다.

물건을 줄이고 깔끔한 방에서 살게 되면서 머릿속이 개운하게 정리되고 마음의 안정을 찾았습니다. '내 인생에 물건은 그다지 필요없다. 깨끗한 공간에서 가족과 느긋하게 일상을 즐기고 싶다', '일상에 대한 생각이나 아이디어를 다른 사람과 나누고 싶다.'는 생각을 하게 되었습니다.

사찰의 스님은 어수선하게 어질러진 곳에서는 수행을 하지 않습니다. 선종에서 무엇보다 중요하다고 가르치는 것은 자기 주변을 깨끗하게 하라는 것입니다. 좌선보다 아침밥보다 제일 먼저 해야할 것은 '청소'입니다.

요가의 가르침도 우선 주변을 깨끗하게 하는 것부터 시작한다고 합니다. 지저분한 장소에서 잡념에 빠지지 않고 마음을 깨끗하게 유지하는 것이 쉽지 않기 때문입니다. 집안의 물건을 줄이고 정리하기 쉬운 환경을 만드는 것은 생활과 마음에 여유를 만듭니다. 그 여유가 원래 자신이 걷고 싶던 인생을 분명하게 알게 해 주고 이를 실현하기 위한 초석이 된다고 생각합니다.

마당을 깨끗하게 쓸어 마음을 가라앉히고 진정시킬 수 있는 공간을 만듭니다.

마음과 생활에 여유가 생겨 창문을 열고 집안으로 바람을 들이는 순간에도 행복을 느낍니다.

물건이 줄어들면 좋은 점 4

가진 것을 내려놓아야 소중한 것을 얻을 수 있다

지난번 야마가타의 주지 스님에게 인상적인 말씀을 들었습니다.

'가진 것을 내려놓아야 소중한 것을 얻을 수 있다.'

일본 조동종의 시조인 도겐선사의 가르침으로 '집착하고 있는 것을 내려놓으면 자신에게 정말 소중한 것이 수중에 들어온다.'라는 의미입니다. 듣고 보니 맞는 말인 것이 손에 무언가를 꼭 쥔 상태로 새로운 물건을 잡을 수 없습니다.

찻잔을 손에 들고 그 설명을 해주시던 주지 스님이 그만 차를 쏟으셔서 자리는 웃음바다가 되었습니다. 덕분에 새로운 물건을 잡으려면 우선 손 안의 차를 내려놓아야 된다는 것이 더욱 입체적으로 마음에 새겨졌습니다.

사실 도겐선사가 수중에 들어온다고 한 것은 '자유의 경지'나 '본래의 마음'처럼 형태가 없는 것일지도 모릅니다. 하지만 제 경우, 계속 집착하고 있던 물건을 처분했더니 더 멋진 물건을 얻게 된 적이 여러 번 있었습니다. 낡은 신발이나 잘 신지 않는 신발을 처분했더니 전부터 사고 싶었던 신발을 발견. 스트레스만 쌓이는 인간관계를 정리했더니 다른 좋은 만남이 다가왔습니다. 물건을 줄여서 선반에 공간을 만들었더니 좋은 물건이 들어 온 적도 한두 번이 아닙니다.

이것은 물건에 한정된 것이 아니라 업무나 이벤트 같은 '일'에도 적용되는 법칙이라고 느끼고 있습니다. 의무적으로 해 왔지만 재미가 없었던 작업 의뢰를 거절했더니 더 좋은 조건의 일이 날아들었습니다.

늘 휴일을 보내던 쇼핑몰을 끊었더니 약간 멀지만 가족 모두가 좋아하는 산에 자주 가게 되었습니다. 덕분에 사람들이 잘 모르는 우리만의 비밀 장소를 발견하기도 했지요. 쇼핑몰에서보다 산에서 보내는 시간을 가족들 모두 즐기고 있습니다.

주지 스님도 중요한 것은 '순환시키는 것'이라고 말씀하셨어요. 물건, 일, 돈, 공기에 이르기까지 꽉 그러쥐고 흐름을 정체시키면 좋은 것들이 나에게 돌아오지 않는다고 생각합니다.

현관이나 창문을 열어 공기를 환기시키는 것부터 아침이 시작됩니다. 지난밤 우리집에 정체되어 있던 공기는 밖으로 보내고, 맑은 바람과 좋은 기운을 집안으로.

아끼는 꽃병을 깨뜨린 직후, 갖고 싶었지만 구하기 어려웠던 이이호시 유미코 씨의 와인잔을 발견! 들꽃을 꽂아서 즐기고 있습니다. 볼 때마다 행복해져요.

물건을 버리는 법 1

버릴 때는 심플하게 생각한다
- 이거 지금 필요해? 아니지?

'물건을 줄이고 깔끔하게 살고 싶다.'는 생각 뒤에는 '하지만'이 대기하고 있기 마련입니다. '하지만, 언젠가 쓰게 될지도 모르는데 버릴 수 없어.', '하지만, 비싸게 주고 산 건데 아깝다.', '하지만 추억이 듬뿍 담겨있는데….'라는 마음속의 브레이크들. 이 소리에 귀를 기울이다보면 물건을 버리는 것이 어려워집니다.

어느 날 이런 생각이 들었습니다. '언젠가 쓰게 될지도'는 미래에 대한 걱정. '비싸게 주고 샀다.'거나 '추억이 듬뿍 담겨있는 물건이다.'는 과거를 돌아보는 것입니다. 어떻게 될지 알 수 없는 미래와 되돌아갈 수 없는 과거를 중시한 나머지 가장 중요한 '지금'을 소홀히 하는 것은 아닌가.

==중요한 것은 '지금 어떤가'입니다. 지금 현재, 물건이 많아서 청소하기 힘들거나 집안일에 효율이 떨어진다고 느꼈다면 과거나 미래에 휘둘리지 않고 즉시 처분합니다.== '이거 지금 필요해? 아니지?'라고 심플하게 생각하고 비우고 있습니다.

'1일 1개 버리기'를 시작한 후, 조금씩 시간이 지나면서 고민없이 물건을 처분할 수 있게 되었습니다. 그것은 그 물건이 정말 필요한 것인지, 아니면 버려도 되는 물건인지 순식간에 판단할 수 있는 감각이 길러졌기 때문입니다. 너무 많은 물건의 방해로 둔감해졌던 직감과 판단력이 살아나기 시작했습니다.

선(禪)은 '마음의 이름'이라고 불립니다. 마음이 지식이나 지위, 또는 고집에 사로잡히지 않도록 해줍니다. 집착을 버리고 고정관념과 선입견의 짐을 내려놓고 태어날 때 가지고 나온 깨끗한 마음으로 살아가는 것. 이것을 위해 있는 것이 선(禪)입니다.

'언젠가 쓰게 될지도 몰라', '당장 쓰지 않지만 있으면 편리해'라는 것은 꼭 내려놓아야할 망상과 고집이라는 짐일지도 모릅니다. 물건을 처분하는 것이 아깝고, 필요없는 물건을 버리는 것도 낭비라고 생각할 수 있어요. 그것 또한 고정관념이라고 생각합니다. 그 물건 때문에 기분좋은 생활이 방해된다면 일단 버리세요. 그리고 꼭 기억해야 할 것은 '다음에 살 때는 잘 생각해서 쓸데없는 쇼핑은 하지 말자.'입니다.

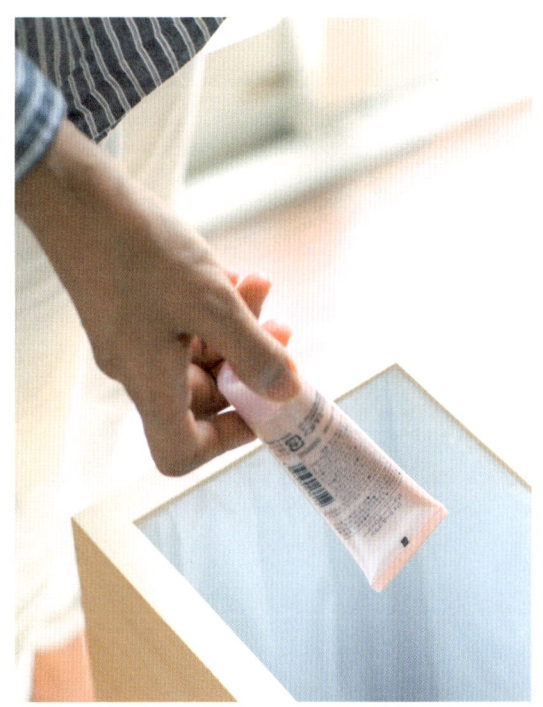

미용실에서 좋은 제품이니 한번 써보라고 해서 받아 온 샴푸 샘플. 집에 돌아와 자세히 읽어보니 민감성 피부인 저에게 맞지 않을 것 같아 마음만 받고 바로 버렸습니다.

물건을 버리는 법 2

버린 후의 상쾌함을 맛보고 스스로를 칭찬한다

집이 어수선할 때는 더러운 곳을 자꾸 의식하게 됩니다. '아, 싫다.', '저길 좀 치워야하는데.'하는 부정적인 생각을 계속 하게 되지요. 인간관계에서도 한번 상대의 싫은 부분에 신경을 쓰기 시작하면 계속해서 그것만 보이기 쉽습니다. 하지만 생각을 바꿔서 장점에 주목하면 관계가 부드러워집니다. 신기하게 집도 똑같습니다.

너저분한 곳(단점)이 아니라 집 안에서 가장 좋아하는 장소나 물건을 줄여 깔끔해진 곳(장점)에 집중했습니다. ==그곳에서 기분 좋은 느낌을 충분히 맛보고 나면 '저쪽도 이런 느낌이 들게 치우고 싶다.'라는 긍정적인 마음이 생깁니다. 그러면 지저분한 공간을 다시 생각하게 되지요.==

이렇게 정리를 하다보면 깨끗한 장소가 점점 늘어납니다. 그 공간에서 또다시 '쾌적하다.', '청소하기 편해서 좋다.'는 기분을 차분하게 음미합니다. 그런 선순환이 반복되면서 기분 좋은 공간이 많아졌습니다.

이 '쾌적함을 만끽한다.'는 '1일 1개 버리기'를 할 때마다 실행하고 있습니다. 물건을 하나 버렸으면 '이제 이 물건을 생각할 필요가 없어서 좋다.', '공간이 비어서 시원하다.', '어쩌면 이렇게 편하지.'라고 버린 후의 장점을 음미합니다.

덕분에 물건이 줄어 편해진 생활을 당연하게 여기지 않고 감사할 수 있게 되었습니다. 또 열심히 물건을 줄이고 나서 '도대체 왜 이런 걸 지금까지 갖고 있었던 거야.'라고 부정적으로 자기를 탓하는 것도 그만두었습니다.

물건을 버리는 것에 성공했으니 '잘했어!', '나 진짜 대단하다!'라고 끝까지 긍정적으로 즐기기로 했습니다. 이런 긍정적인 생각이 물건을 하나, 또 하나 줄이고 집안 곳곳을 깔끔한 공간으로 변화시켜나가는데 더욱 힘이 되어 주었습니다.

외출할 때, 집에 돌아왔을 때, 아이들을 맞이할 때
이렇게 깨끗한 현관과 함께 하니 마음이 환해집니다.

물건을 버리는 법 3

먼저 기준 선을 정한다

물건을 비우다보면 자신에게 적당한 물건의 양은 '어느 정도'라는 감이 옵니다. 하지만 먼저 어디까지 줄일 것인지 기준을 잡고 싶다면 '기준 선'을 정합니다. 예를 들어, 서류는 파일에 들어가는 양만큼, 양말은 바구니에 들어가는 양만큼. 그렇다고 그 선을 꽉 채워서 넣는 것은 아닙니다. 내용물을 전부 파악할 수 있고, 넣고 빼는 것이 편한 정도까지만 넣으려고 항상 신경을 씁니다.

과거 무인양품 카드 홀더에 포인트 카드를 잔뜩 넣어서 가지고 다녔던 때가 있었습니다. 하지만 너무 많아서 정작 써야할 때 필요한 카드를 찾기 힘들었어요. 무겁기도 하고요. 그래서 홀더를 반으로(카드 18장분) 잘라보았습니다.

카드 찾기가 쉬워졌고 가벼워서 가지고 다니기도 편해졌어요. 그리고 '카드는 반으로 줄인 이 홀더에 들어가는 양만큼'이라고 기준 선을 정했기 때문에 카드를 소유하는 규칙도 생겼습니다. 최소 주 1회 이상 사용하는 카드만 소유하기. 그 외 5장까지라면 마음에 드는 가게의 카드는 넣어도 괜찮습니다.

==물건이 넘쳐나니까 수납 아이템을 더 사서 정리한다는 생각을 하면 물건은 계속 늘어 생활 공간을 압박합니다. 오히려 기준 선을 정하고 거기에 들어가는 양으로 돌려가면서 사용해보니 딱 좋다는 경험을 여러 번 했습니다.== 수납 공간을 줄이고 가구나 수납용품을 비우면 방에 여유가 생깁니다. '물건을 위한 방'이 아니라 '사람을 위한 방'이니까요.

**조리 도구는 전부
서랍 한 칸에 넣는다**
칸막이 속에도 조리도구는 1개만,
많아도 3개까지.

홀더 용량은 스스로 정한다
홀더를 반으로 잘라 내게 필요한 형태
로 바꾸기. 기성품이라고 만들어져 있
는대로 쓸 필요는 없습니다.

냄비류는 70퍼센트만 수납
어느 냄비든 꺼내기 쉽도록 여유있게 수납. 수납할 물건이 적으
면 수납도 고민할 필요가 없습니다.

| 물건을 버리는 법 4 |

가족의 물건은 손대지 않는다

남편은 물건을 버리지 못하는 사람이었습니다. 제가 물건을 줄이기 시작했을 때 특히 남편의 물건이 신경쓰여서 견딜 수가 없었어요. 대화 끝에 정한 것은 '가족이 공유하는 공간은 물건을 적게 놓는다.', '남편 방은 전혀 간섭하지 않는다.'라는 것이었습니다. 이렇게 해서 남편은 자기가 좋아하는 물건을 자유롭게 소유했고 저도 눈에 띄는 곳의 물건을 마음껏 줄일 수 있었습니다.

그런데 신기하게도 적은 물건으로 홀가분하게 생활하는 제가 좋아보였는지 남편도 서서히 물건의 양을 조절하게 되었습니다. 저는 아무것도 요구하지 않았지만 잔뜩 쌓여있던 신발을 수납장 안에 정리하고, 전처럼 옷을 마구 사들이지 않습니다.

==내 생각을 강요해서 가족 간의 사이가 나빠지는 것보다 먼저 제 물건부터 정리하고 그 모습에서 배우도록 하는 것이 낫다는 것을 실감했습니다.==

또 어느 날, 귀여운 아이템을 무척 좋아하는 큰딸이 '저도 방을 깔끔하게 치우고 싶어요. 어떻게 하면 좋을지 알려주세요.'라고 먼저 말을 꺼냈고 쓰레기봉투 3장만큼의 물건을 처분했습니다. 그 다음부터는 완전히 '정리 대장'이 되었답니다. 큰아들은 정리를 잘한다고 말하기는 어렵지만 저는 아이방에 대해서 노터치입니다. 초등학생이 된 후, 늘 이야기하는 것은 '자기가 할 수 있는 일은 스스로 한다'는 것. 자립심을 기르기 위한 이유도 있지만 무엇보다 제가 편합니다.

제가 가끔씩 방 청소를 도와주면 기분이 좋은지 평소보다 방에서 오래 노는 것을 볼 수 있습니다. 그럴 때는 저도 옆에 앉아서 '기분 참 좋지.'라며 그 공기를 함께 음미합니다. 깨끗한 공간에 있으면 기분이 좋다는 체험을 아이들과 함께 쌓아나가고 싶습니다.

거실을 깔끔하게 유지하기 위해서 아이들 물건은 거실에는 각자 파일박스 한 개 분량만큼만 두기로 규칙을 정했어요. 물건이 넘치기 시작하면 스스로 검토해서 처분합니다. 아직 유치원생인 둘째 아들 물건 중 망가진 것 등을 골라 제가 버려주기도 합니다.

아이들 방은 노터치. 큰아들은 '오늘은 방이 더러워서 친구를 못 데리고 오겠네.' 등 자각은 하고 있는 것 같습니다. 그런 모습도 따뜻하게 지켜봐주고 싶어요.

물건을 버리는 법 5

좀처럼 버리기 힘들 때

잘 버리지 못하는 큰 이유가 '아직 쓸 수 있는데 아깝다.'라는 죄책감 때문이었습니다. 또 쓰레기를 늘리는 것이 미안해서 버리지 못하는 경우도 많겠지요.

==그럴 때는 그냥 버리지 말고 중고로 판매하거나 물려주거나 기부하는 방법을 찾습니다.== 하지만 난처한 것은 팔리지 않을 만큼 낡은 물건까지 아깝다고 느낄 때입니다. 할머니가 주신 말차 다기도 좀처럼 버릴 수 없었던 물건 중 하나. 하지만 이것은 버리는 것의 마이너스 면만 생각하고 '집이 깔끔해진다.', '집안일을 할 때 시간 단축이 된다.', '자신의 시간을 가질 수 있다.'같은 커다란 장점을 보지 못하는 상태.

버릴 수 없다고 물건을 쌓아두고 이것들의 큰 장점을 방치하는 것이야말로 아까운 일입니다. 잔을 버렸어도 할머니와의 추억은 사라지지 않습니다. 그리고 할머니가 가장 원하시는 것은 선물한 물건 때문에 제가 고민하는 것이 아니라 저답게 심플하게 살아가는 것이라고 생각합니다.

버릴지 말지 도저히 정할 수 없는 물건은 쓰레기봉투에 담아서 거실의 눈에 띄는 곳에 놓아두기로 했습니다. 옷, 책, 식기 등등 분류는 나중에 하고 일단 고민되는 물건을 전부 쓰레기봉투에 담는 것입니다. 임시 보관 박스에 넣어두는 방법도 있지만 그러면 상자째로 보관하고 잊어버리기 쉽기 때문에 권하고 싶지 않습니다. 쓰레기봉투가 거실에 있으면 '이 속의 내용물은 이제 폐기하는 게 좋겠다.'라고 금방 집착을 버릴 수 있으므로 추천합니다.

어떻게 처리할지 망설여지는 것은 쓰레기봉투에 담아서 눈에 띄는 장소에. 한시라도 빨리 치우고 싶어집니다.

입지 않는 옷이나 신발, 가방 등은 주변에 나누어 주거나 팔릴 만한 것은 중고 거래로 처분합니다.

물건을 버리는 법 6

버릴 수 없는 것은 없다

물건을 줄인 효과를 바로 실감할 수 있는 것은 지금 가장 '짜증나고 답답한 곳'입니다. 접시가 너무 많아 식사 준비가 스트레스라면 그릇장. 옷이 쑤셔 넣어져 있어서 갑갑하다면 옷장. 물건이 하나 줄어들 때마다 '어, 뭔가 편하다.'고 바로 느낄 수 있어서 지속적으로 비우기 쉽습니다.

<mark>단 애정을 갖고 있는 물건이 많은 곳은 처음에 하지 말고 뒤로 미루는 것을 추천합니다.</mark> 예를 들어 머그컵을 수집하는 사람이 그릇장을 먼저 비우려면 '이건 안 쓰지만 좋아하니까', '이건 한정판이니까'라는 생각에 좀처럼 버리기 어렵습니다. 어찌어찌 비웠다고 해도 마음의 부담이 커서 버리는 습관을 들이기는 어렵습니다.

저는 티타임을 무척 좋아해서 컵과 트레이 같은 티세트를 처분하기 힘들었습니다. 멋내기를 좋아하는 사람은 옷장이 아니라 냉장고부터. 요리를 좋아하는 사람은 주방이 아니라 세면대부터 등 특별한 애정이 있는 곳은 당당하게 뒤로 미뤄둡니다. 저도 다른 장소에서 물건을 줄이는 기쁨을 체험한 후에 그 여세를 몰아서 다시 티세트를 마주 대했을 때, 상상했던 것보다 미련없이 버릴 수 있어서 놀랐습니다.

<mark>분발할 필요없는 허들이 낮은 장소부터 시작하면 버리는 것에 익숙해짐에 따라 물건에 대한 의식이 높아지고 '필요, 불필요', '좋아한다, 싫어한다', '중요하다, 중요하지 않다'를 한눈에 알 수 있게 됩니다.</mark> 동시에 버릴 수 없다는 생각 자체를 버리게 되었습니다.

만약 집 안의 모든 곳이 다 애착이 가는 경우는 현관부터 시작하면 좋을 것 같습니다. 거실보다 물건이 많지 않고 공간도 작아서 연습하는데 안성맞춤. 집에 돌아왔을 때 현관이 깨끗하면 그 다음에 들어가는 거실도 기분 좋고 깔끔하게 만들고 싶어집니다.

방하착(放下着)이라는 말이 있는데 버리기 망설여질 때 이 말을 생각합니다. 간단히 말하면 '뭐든지 버려라.'라는 것. 번뇌는 물론 깨달음조차도 버리고 모든 집착을 비워야만 본래의 모습이 선명하게 떠오른다는 가르침입니다.

버릴 수 없는 것이 아니라 버릴 수 없다고 생각하고 있는 것뿐. 우선은 집착이 적은 장소부터 작은 한걸음을! 다음 장에서부터 장소별로 버리기 힌트를 알려드릴게요.

현관은 처음 시작하기 쉬운 장소. 필요없는 물건이 쌓이기 쉬운 장소이기도 합니다.

===== 한번 해보자! =====

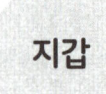

지갑

집 정리를 시작하기 전에 지갑으로 버리기 연습을 하면 좋습니다. 지갑은 작은 공간에 비해서 파악하고 있는 이상의 물건이 들어있는 경우도 많습니다. 불필요한 물건으로 가득찬 지갑은 쓰기 불편할 뿐만 아니라 기분 좋은 순환이 이루어지지 않습니다. 이것저것 쌓인 다음 한꺼번에 버리지 말고 생각났을 때 바로바로 버리는 습관을 기르도록 하세요.

처분할 물건 리스트

영수증
하루에 모이는 영수증이야말로 하루에 버리는 것이 중요.

거의 사용하지 않는 신용카드
여러 장이 있다면 한 개로 정리하세요. 포인트 쌓는데도 유리합니다.

한 달 이상 사용하지 않은 포인트 카드
사용 빈도가 낮은 카드는 지갑에서 꺼내서 별도로 관리. 반년 이상 사용하지 않으면 처분.

일주일 이내에 사용하지 않은 할인권
마찬가지로 별도의 홀더에. 이렇게 했다고 잊어버린다면 필요 없는 것일지도 모릅니다.

단골병원 이외의 진료카드
병원에 갑자기 들리는 일은 드물기 때문에 갈 때 가지고 가도 OK.

날짜가 지난 세일 안내문
가고 싶은 이벤트 DM은 눈에 띄는 곳에

해외여행에서 쓰고 남은 외화
다시 갈 예정이 없으면 처분. 여행가는 사람에게 주거나 기념으로 몇 개 보관.

상품권이나 명함
명함은 다시 선별하여 정리하고, 상품권은 유효기간을 확인합니다.

> 제 지갑은 이런 느낌입니다

point 1
카드는 3장만
운전면허증과 자주 가는 은행 카드 2장.

point 2
수납할 곳이 적은 지갑을 고른다
카드 수납 공간이 많으면 저절로 카드로 꽉 차게 됩니다. 정말 자주 쓰는 것만 미니멀하게.

point 3
영수증은 가게에서 버린다
버리는 생활을 지속해나가려면 영수증 관리에도 에너지가 필요합니다. 계산대 옆에 휴지통이 있다면 그곳에 휙.

point 4
현금은 1주일간 쓸 만큼만 출금
대부분 일주일에 한번, ATM에서 1주일분의 예산을 출금합니다. 카드보다 현금을 선호.
식재료나 잡화 등을 구매할 때 현금을 쓰면 행복을 실감할 수 있습니다. 감사한 마음은 덤.

 **가방**

지갑에 이어서 단시간에 재검토하여 효과를 내기 쉬운 곳입니다. 가방 안에서 필요없는 물건을 찾아서 버리는 습관을 갖도록 하세요. 주목할 것은 어떤 가방을 들어도 항상 가지고 다니는 휴대용품. 또는 같은 가방 바닥에 늘 들어있는 파악되지 않은 물건들. 하나하나 줄여나가면 외출할 때 부담이 확 줄어듭니다.

처분할 물건 리스트

비상약
자주 사용하는 약 이외는 가지고 다니지 않아도 괜찮습니다. 위장약 등은 편의점에서도 살 수 있어요.

풀메이크업 세트가 들어있는 파우치
파우치가 빵빵하게 차 있으면 꺼내 쓰기 불편합니다. 자주 사용하는 물건만 엄선해서 넣으세요.

날짜 지난 전시회 DM
종이는 기한이 있는 정보일 확률이 높으므로 자주 검토.

길거리에서 받은 광고지
가장 좋은 방법은 안 받는 것이지만 일단 받았다면 바로 가까운 휴지통에 버립니다.

언젠가 읽으려고 생각한 책
일주일 이내에 읽지 않는다면 지금 읽을 필요가 없는 책 아닐까요?

공짜로 받은 경품
무료라서 받은 물건은 거의 필요없는 것입니다.

제 가방 안은 이런 느낌입니다

point 1
잡화는 이만큼만
카드 홀더, 필통, 접착식 메모지, 다이어리, 노트. 카드 홀더에는 포인트 카드가 들어있어요. 메모하기 위해서 문구류를 갖고 다닙니다.

point 2
케어용품은 이만큼만
내용물이 보이는 투명파우치에 손수건, 티슈, 안약, 생리대. 밖에서 차를 마실 때를 위해 마이 슈거(사탕수수)를 상비. 화장을 고치지 않기 때문에 메이크업 세트는 가지고 다니지 않습니다.

문구용품

집 안 이곳저곳에 흩어져있기 쉬운 문구류. 어디에 있는지 몰라서 중복구매하는 경우가 많았습니다. 무인양품의 이 캐리박스는 필요한 장소로 박스째 가지고 갈 수 있어서 편리합니다. 덕분에 문구류가 여기저기 흩어지지 않고 늘 있는 장소가 정확하니 중복해서 물건을 사는 일이 없어졌습니다.

처분할 물건 리스트

잉크가 떨어진 펜
이것을 발견하면 '바로 휴지통에!'를 습관으로.

관광지에서 구입한 잡기 힘든 모양의 펜
사용하는 것은 절대적으로 쓰기 편한 펜입니다.
처분하는 것이 힘들면 사진으로 남기는 것도 방법.

여러 개 있는 같은 색깔 볼펜
펜꽂이에 같은 용도의 물건은 하나씩만.
나머지는 폐기하거나 재고품으로.

여러 개 있는 가위
자주 쓰는 장소에 하나씩 놓아두면 편리.
같은 장소에 여러 개는 불필요.

3년 전부터 그대로 있는 접착식 메모지
사용하지 않는다면 처분하세요.

접착력이 약해진 풀
제대로 기능하지 않는 문구류는 망설이지 말고 처분.

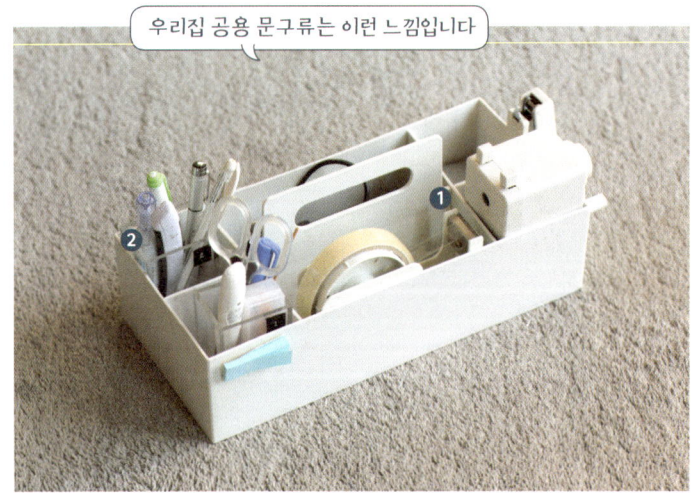

우리집 공용 문구류는 이런 느낌입니다

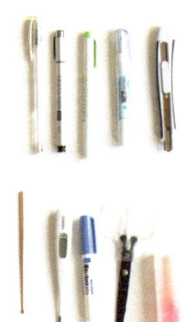

point 1
무인양품 문구류로 통일감을 준다
지우개, 수정테이프, 스테이플러, 줄자, 연필깎이, 투명테이프. 무인양품에서 판매하는 문구류는 심플한 디자인으로 꺼내 두어도 깔끔합니다.

point 2
펜꽂이를 1군과 2군으로 나눈다
박스 앞쪽과 안쪽에 펜꽂이를 2개 놓고 앞쪽에는 '가장 자주 사용하는 1군'인 가위, 풀, 체온계, 귀이개, 인감, 안쪽의 '자주 쓰는 2군'에는 검정 볼펜, 수성펜, 마커, 수정액, 커터칼을 수납합니다.

현관

큰 방을 깨끗하게 치우는 것은 어려운 일이지만, 비교적 작은 공간인 현관이라면 쉽게 시도해 볼 수 있습니다. 저희집 현관바닥에 놓아도 되는 것은 각자의 신발 한 켤레까지. 신발장 안은 아이들은 한 명당 한 칸. 저는 두 칸을 사용합니다. 신발을 무척 좋아하는 남편은 특별히 상단의 두 칸을 넓게 끝까지 쓰도록 했습니다. 집에 돌아와서 처음 만나는 공간이 기분 좋으면 다른 곳도 물건을 줄이고 싶은 마음이 생깁니다.

처분할 물건 리스트

발에 닿아서 아픈 신발
신었을 때 느낌이 좋지 않은 신발은 결국 신지 않게 됩니다. 저도 처분했습니다.

망가진 신발
'멋쟁이는 발끝부터'라고도 합니다.
청결감이 중요.

발이 피곤한 신발
다음부터는 발이 피곤해지지 않도록 너무 높지 않은 것을 고르고 싶습니다.

망가진 우산
공간만 차지하는 물건. 바로 버립니다.

아무도 사용하지 않는 비닐 우산
아무도 사용하지 않는다면 처분합니다.

우리집 현관은 이런 느낌입니다

point 1
남편의 신발은 남편에게 맡긴다
신발을 무척 좋아하는 남편은 현재 14켤레를 소유.
제 신발의 2배를 가지고 있지만 이 공간을 넘지 않게 양을 조절하고 있어서 다행입니다. 모두 소중하게 신고 다니니까 남편의 기분도 존중하고 싶어요.

point 2
신발은 상자에 담아두지 않는다
넣어두면 존재를 잊어버리기 쉬우므로 구두는 모두 상자에서 꺼내서 수납합니다. 가지고 있는 것은 자주 신는 신발 뿐입니다. 결혼식에 갈 때 신어야 하는 신발은 필요할 때 친척에게 빌립니다.

point 3
우산은 한 사람당 한 개
아이들 학교에 비치해 놓는 예비우산과 제 양산을 빼고 집에 있는 우산은 한 사람당 한 개. 자리를 차지하는 물건이야말로 최소한만.

point 4
아이들 신발은 조금만 있어도 충분
아이들의 발은 금세 자랍니다. 평소에 신는 스니커즈와 샌들(겨울에도 신고 있습니다!), 그리고 장화가 있으면 충분. 멋내기 좋아하는 딸은 스니커즈와 샌들이 2개씩 있지만 그래도 전부 5켤레입니다.

 **세면실**

바쁜 아침 시간에 제일 많이 쓰는 세면실은 사용의 편리성이 가장 중요. 지금 사용하는 물건만 심플하게 배치해두면 시간 단축과 직결됩니다. 그리고 무엇보다 세면실은 청소하기 편하게 만드는 것이 중요. 물건을 적게 놓고, 가능한 청소하기 편하게 정리합니다.

처분할 물건 리스트

너덜너덜해진 파운데이션 스펀지
여러 번 빨아서 낡았다면 새 것으로. 화장이 잘 먹습니다.

고가였지만 피부에 맞지 않는 에센스
두어봐야 앞으로도 맞지 않습니다. 다른 사람에게 주거나 처분합니다.

색이 안 어울리는 아이섀도
어울리지 않는 것을 무리해서 사용할 필요는 없습니다. 버리세요.

분리된 매니큐어
매니큐어도 오래되면 잘 발라지지 않습니다.

몇 년 전에 산 명품 립스틱
사용기간은 1~2년(메이커에 따라 다름)입니다.

3개월 이상 사용하고 있는 마스카라와 리퀴드라이너
수분이 많은 화장품은 잡균이 번식하기 쉽습니다. 3개월이 한도.

우리집 세면실은 이런 느낌입니다

point 1 기초화장품은 2가지
에센셜 오일을 넣고 만든 화장수와 밤(balm)으로 스킨케어.

point 2 여유분을 사 두지 않는다
화장품, 세제류를 비축하지 않습니다. 근처에 마트가 있으므로 다 쓰면 사러갑니다. 화장실용 휴지도 1개 남았을 때 구입.

point 3 화장품도 심플하게
왼쪽이 평소에 사용하는 1군(브러쉬, 머리핀, 메이크업베이스, 리퀴드파운데이션, 파우더파운데이션, 아이브로우펜슬, 립글로스, 볼터치, 브러시. 오른쪽이 제대로 메이크업할 때만 쓰는 2군(선크림, 뷰러, 마스카라, 아이라이너, 립글로스)

책장

집안에는 책, 서류, 사진, 상품 카달로그 등 나의 의도와는 상관없이 수많은 인쇄물이 쌓여갑니다. 많이 모이면 읽고 싶은 인쇄물을 찾는 것이 힘들어집니다. 아이들이 가지고 오는 안내문, 광고전단지 등은 한번 훑어보면 의외로 필요없어지는 것이 많으므로 그때그때 취사 선택이 중요합니다.

처분할 물건 리스트

먼지투성이인 소설책
만약 또 읽고 싶어지면 그때 구입하세요.

아이 연령에 맞지 않는 그림책
나이에 맞지 않는 물건은 중고판매로 처분하세요.

기한이 지난 보증서
망설이지 말고 버리세요.

5년 이상 된 은행통장
개인사업에 관한 통장이 있다면 7년 정도 보관 필요.
그 이외는 처분하세요. 이름과 인감 부분 등 개인정보 부분은 가위나 문서절단기로 잘라서 처분.

다시 읽지 않는 편지와 엽서
특별하게 간직하고 싶은 것 외에는 가슴 속에 추억으로 남기고 처분합니다.

우리집 책장은 이런 느낌입니다

point 1
제품 설명서는 보관하지 않는다
가전제품 설명서는 대부분 인터넷으로 볼 수 있기 때문에 보관하지 않습니다. 집에 있는 것은 아이들 프린트류(학교, 학원)를 한 명씩 정리한 파일과 기타 필요한 안내문을 모아둔 파일로 총4권.

point 2
스마트폰 사진은 자주 정리
스마트폰으로 찍은 사진은 그때그때 체크해서 10장 정도씩 골라 삭제합니다. 또 사진 인화 앱을 활용합니다. 사이즈가 작아서 공간을 차지하는 일 없이 아이들의 성장을 남길 수 있습니다.

point 3
책은 이만큼만
다 읽은 책은 처분하고 자료로 쓸 책과 제가 쓴 책만 보관합니다(상자 안). 나머지는 현재 읽고 있는 책입니다 (바구니 안).

주방

식재료, 그릇, 조리 도구 등 각종 물건의 집합소인 주방. 씻고 자르고 익히는 등 동작도 다양해서 물건이 적게 있으면 바로 꺼내고 싹 정리하는데 무척 편합니다. 사용할 때마다 쉽게 더러워지기 때문에 청결을 유지하기 편한 시스템을 구축하는 것도 중요. 물건을 엄선하여 관리하기 쉬운 주방을 목표하고 있습니다.

처분할 물건 리스트

유통기간이 다 된 것
지나기 전에 먹을 수 있도록 장 보는 양을 조절합니다. 물건을 파악할 수 있도록 잘 보이게 수납합니다.

어디서 받았지만 잘 줄지 않는 것
먹을 수 없는 것은 망설이지 않고 처분합니다.

깨진 접시
사용하지 못하게 된 것은 역할 종료.

사용 빈도가 낮은 머그컵
사용하는 그릇만 식기장에 있으면 정말 쓰기 편해요.

끝부분이 타서 거뭇해진 요리 젓가락
조금씩 타기 때문에 익숙해지기 쉽지만 청결감이 떨어지므로 주방의 분위기를 해칩니다.

팥빙수 기계 같은 주방용품
쓸 것 같아서 산 물건도 사용하지 않으면 자리를 차지할 뿐입니다.

냉장고

우리집 냉장고는 이런 느낌입니다

point 1

그룹별로 모은다
어디에 무엇이 있는지 한눈에 알 수 있는 그루핑. 냉장고 도어포켓에 조미료를, 트레이에 아침식사용 식재료 등을 모아 둡니다.
중앙에는 물기 뺀 채소를 야채탈수기째로 넣을 수 있을 만큼 여유가 있습니다.

point 2

조미료는 작은 사이즈
어느 날 확인하면 유통 기간이 지나있기 일쑤인 조미료. 그래서 5인 가족이지만 작은 사이즈를 선택합니다. 남편이 사 오는 타바스코 소스는 특대형이지만 하루에 많이 사용하므로 OK.

point 3

식재료는 그날 분만
마트에서 가능한 그날 사용할 양만큼만 사려고 합니다.
덕분에 냉장고에는 여유가 있고 식재료가 남아서 버리는 일도 사라졌습니다.

선반

point 1
안쪽에는 물건을 놓지 않는다
사용하지 않는 물건을 안쪽에 채워두지 않습니다.
모두 처분하고 '1열만'으로 깔끔하게 수납

point 2
아이도 어른과 같은 그릇
깨지지 않는 식기를 따로 마련해서 아이용으로 사용하지 않습니다.
어른도 사용할 수 있는 심플하고 귀여운 그릇을 함께 사용합니다.

point 3
손님용 그릇은 별도의 공간에
평소에 쓰는 식기를 편하게 쓰기 위해서 가끔씩 사용하는 손님용 그릇은 대부분 다른 장소에 둡니다.

point 4
좋아하는 차 종류도
이곳에 들어가는 양만큼만
티타임이 중요할수록 차는 이 공간에 수납할 수 있을 만큼만.
정말 마시는 것만 넣기로 정했어요.

point 5
비축품은 거의 없다
단 남편이 무척 좋아하는 즉석 스프는 넉넉하게 둡니다.
유통기한을 체크할 수 있는 양만 보관하려고 신경씁니다.

서랍

point 1
커트러리는 인원수만큼
가족의 인원수만큼 있다면 몇 개인지 세거나 고를 필요가 없어 재빨리 식사 준비 가능.
아이용은 자주 사용하기 때문에 유리컵에 담아 조리대에 세워둡니다.

point 2
조리 도구는 하나씩
나무 주걱도 국자도 여러 개 중에 사용하는 것은 늘 같은 것이었습니다.
그렇다면 한 개로 충분. 집게와 젓가락이 있으므로 요리용 젓가락은 필요없어요.

옷장

전에는 옷이 아주 많았어요. 하지만 실제로 입는 옷은 좋아하는 것 몇 벌이었습니다. 마음에 드는 옷만 남기고 줄인 후에는 그날의 기분에 맞는 옷을 한눈에 고를 수 있게 되었어요. 수는 적어졌지만 모든 옷을 파악하고 있기 때문에 이렇게 저렇게 코디해보는 것을 즐깁니다. 옷이 그득한데 입을 옷이 없다면 옷장부터 체크해보세요.

처분할 물건 리스트

지워지지 않는 얼룩이나 오염이 있는 윗옷
오염이 거슬리는 옷은 처분합니다.

살이 빠지면 입으려고 보관한 옷
살이 빠졌을 때는 취향도, 유행도 바뀌어 있을 가능성이 큽니다.

손질이 어려워서 거의 입지 않은 윗옷
손질이 귀찮아도 자주 입는 것은 남기지만, 자주 입지 않는 것은 처분.

단추가 떨어진 셔츠
단추를 달아봅니다.
단추를 달 수 없거나 계속 넣어만 두는 것은 처분합니다.

나이나 분위기에 어울리지 않는 원피스
나에게 어울리지 않는 옷이라면 처분합니다.

비슷한 디자인과 색깔의 슈트
하나만 있어도 충분하다면 하나만 남기면 됩니다.

고가였지만 입지 않은 옷
중고로 판매하는 방법도 있어요.
입어주는 사람이 있는 것이야말로 옷에게는 행복.

발목 부분 고무줄이 늘어난 양말
그래도 마음에 들어서 자주 신는다면 유지.
그렇지 않으면 처분합니다.

버릴까 말까 망설여진다면

실제로 입어보고 객관적인 시선으로 판단
요즘 계속 입지 않은 옷에는 뭔가 이유가 있습니다. 사이즈, 유행, 취향의 변화 등등 전에 좋아했던 옷에 지금은 왜 손이 가지 않을까요. 실제로 입어보면 어떻게 해야할지 명확히 알 수 있어요.

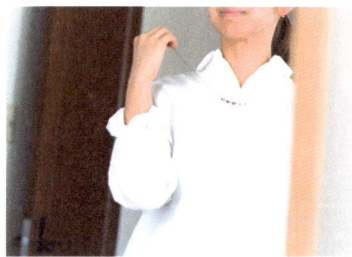

같은색, 디자인의 물건은 하나로 충분
옷장 속에 같은 역할을 하는 물건이 여러 개 있을 필요는 없습니다. 옷이 너무 많아서 고르기 힘들다면 중복되는 물건부터 처분해 보세요.

제 옷장은 이런 느낌입니다

point 1

액세서리는 옆면에 걸어둔다
전에는 액세서리 케이스에 넣어두었지만 그 케이스에 넣을 정도의 액세서리가 없습니다.
벽에 걸어두면 목걸이 줄이 엉키지 않아 쉽게 꺼낼 수 있습니다.

point 2

미닫이문 한쪽 편은 지난 계절 물건을
옷을 고를 때 옷장문을 열면 옷이 모두 한눈에 보이는 것이 이상적.
미닫이를 움직일 필요가 있는 곳에는 계절에 맞지 않는 옷을 수납.

point 3

공간을 채우려고 하지 않는다
더 넣으려고 하면 들어가지만, 고르기 편하고 넣고 꺼내기 편한 것은 지금이 베스트.
마음에 드는 옷이 단정하게 놓여있으면 고르는 시간이 즐거워집니다.

point 4

수량이 줄었으면 수납 박스도 줄인다
라탄박스 윗단에 양말, 아랫단에 속옷을 넣습니다.
양말도 이만큼 있으면 충분해요.
얼마 되지 않으면 작은 수납박스에도 여유를 가지고 넣을 수 있어요.

'1일 1개 버리기' 실천법 1

내가 꿈꾸는 모델 설정하기

'1일 1개 버리기'를 계속해나가면서 오늘은 어떻게 할까 고민하게 되는 날도 있었습니다. 그럴 때는 '이런 집을 만들고 싶어', '이런 생활을 하고 싶어'라는 목표를 마음속에 그려봅니다. 막연하게 상상하는 것보다 '눈으로 볼 수 있는 형태'를 찾는 편이 동기 부여가 됩니다.

추천하는 것은 인테리어 잡지나 인스타그램, 생활 블로그 등에서 이상적인 집을 찾는 것입니다. 저는 멋진 가구점이나 잡화점의 디스플레이를 참고하기도 합니다. 무인양품 점포 같은 곳을 둘러보면 가슴이 두근두근거리면서 '좋아! 우리집도 해 보자.'하는 의욕이 샘솟곤 합니다.

'1일 1개 버리기'는 '습관'이므로 '몇 개 버렸으니 이제 끝!'이 아닙니다. ==목표로 삼고 싶은 집의 모습과 생활 형태를 이미지화하는 것은 습관이 되기 전의 좌절감을 방지하는데 아주 좋은 방법이라고 생각합니다.==

또 저는 '소원 노트'를 씁니다. 이때 '늘 집이 깔끔해서 기분이 좋다.', '쉽고 즐겁게 집안일을 하고 있다.'라고 자주 적곤 합니다. 소원 노트의 기본형식은 어떻게 '되고 싶다.'보다 어떻게 '이루어졌는가'를 쓰는 것이 좋습니다. 이렇게 하면 누군가가 해주기를 바라는 수동형이 아니라 내가 구체적으로 행동하여 이루려고 한다는 능동적인 씨앗을 마음속에 심는 것이니까요.

소원 노트의 효과는 놀랄 정도입니다. 현재 살고 있는 집을 발견하게 된 것도, 책을 출간하게 된 것도 노트에 쓴 후에 다 이루어졌습니다. '다음에는 무엇을 쓸까' 행복한 마음으로 이것저것 생각하고 있습니다.

인스타그램에서 해시태그로 '다이닝', '거실', '무인양품'을 자주 검색합니다.
내추럴하고 심플한 집에는 저절로 눈이 갑니다.

'1일 1개 버리기' 실천법 2

'버리기'를 돕는 장치 마련하기

눈에 거슬러서 집에 휴지통을 두지 않는다는 분도 있습니다. 하지만 저는 일상에서 자주 해야 하는 동작일수록 최대한 진입 장벽을 낮춰 쉽게 할 수 있는 시스템을 만들고 싶습니다. 필요없는 물건을 버리는 동작은 하루에 몇 번씩 일어나는 일입니다. 멀어서 버리러 가기 싫다거나 귀찮아서 나중으로 미루다보면 집안이 어질러지고 물건이 정체될 수 밖에 없습니다.

바로 물건을 버릴 수 있는 시스템을 갖추면 '1일 1개 버리기'가 편해집니다. 저희집은 모든 방에 휴지통이 하나씩 있습니다. 아이들이 과자봉지를 자주 버리는 거실에는 휴지통 안을 두 개로 분리하여 비치하면 아주 편리. 청소가 귀찮은 집이 깨끗해지기 힘든 것처럼 ==버리는 것이 귀찮은 집은 물건이 쌓이거나 주변이 지저분한 곳이 되기 쉽습니다.==

또 적극적으로 물건을 처분하는 방법이 있습니다. 저는 온라인 중고책 매장에서 '매입금액 10% 플러스'라는 광고를 보면 우선 신청부터 합니다. 책이 10권 이상이면 택배를 보내주는 시스템이므로 어떻게든지 처분할 책을 10권 모아야만 합니다. 앞뒤 생각하지 않고 일단 신청해버리면 집에서 10권의 책이 줄어드는 것입니다. 책 뿐 아니라 게임이나 CD 등도 판매 가능합니다. 조금 강제적인 것 같지만 꽤 효과적인 '버리기' 기술입니다.

옷장 안쪽이나 문구류가 있는 책상 옆에도 휴지통을.
필요없다고 느낀 물건을 바로 처분할 수 있는 시스템입니다.
책상 옆에 있는 휴지통은 수납용 페이퍼백.
쓰레기봉투 2장을 넣어 분리 수거하기 쉽게 만들었습니다.

처분할 책은 바구니에 넣어서 준비.
10권을 모아둡니다.

'1일 1개 버리기' 실천법 3

버린 것 기록하기

　계속해서 하루에 한 개씩 비우다보면 깔끔해졌다는 것을 금방 실감할 수 있을까요? 실은 확실히 물건이 줄어드는데도 불구하고 얼마간의 시간이 지나야 그것을 느낄 수 있습니다. 이유는 변화가 조금씩 일어나기 때문입니다. 그리고 눈 앞에서 사라진 물건은 머리에서도 지워집니다. 다시 말해서 '버렸다', '줄었다'는 것을 하나하나 자각하기 어렵다는 것이지요. 그렇게 되면 방이 깔끔해지기 전에 버리는 것을 포기하게 될 수도 있습니다.

　이를 방지하기 위해 저는 버린 물건을 다이어리나 노트에 적습니다. 간단한 그림도 곁들였더니 한눈에 버린 물건을 떠올릴 수 있어서 버렸다는 것을 강하게 느낄 수 있었습니다. 버리는 물건을 매번 사진으로 남기는 것도 추천하고 싶습니다.

　저는 그 사진을 블로그에 공개하여 사람들에게 보여주면서 동기 부여를 했습니다. 인스타그램 등은 기록과 공개에 안성맞춤인 서비스. [#버리기 프로젝트] 등을 검색하면 많은 사람이 이것저것 버린 물건을 올리고 있습니다. 다른 사람이 열심히 하고 있는 모습을 보면 더욱 의욕이 생깁니다.

　물건이 줄어듦에 따라서 버린 물건 리스트는 매일 늘어납니다. 그것은 자신이 쌓아올린 결과이며 효과입니다. 'To do(할일) 리스트'를 쓰는 사람은 많이 있지만 'Done(이만큼 했어요) 리스트'를 쓰는 사람은 적은 것 같습니다. 자신의 노력을 기록하여 가시화하고 '이렇게 잘 해냈네.', '그러니까 앞으로도 할 수 있어.'라는 긍정적인 힘으로 바꿔보세요.

이것은 'To do 리스트'.
앞으로 할 일도, 지금까지 버린 물건도 써넣습니다.
보이지 않는 것을 가시화하면 동기 부여의 원천이 됩니다.

'1일 1개 버리기' 실천법 4

마법의 도구, 스마트폰 카메라 활용하기

블로그에 올리려고 집안 사진을 찍었다가 깜짝 놀란 적이 있습니다. 사진 속 우리집이 생각했던 것보다 너무 어수선해 보였기 때문입니다. 사진은 집을 객관적으로 보여줍니다. 육안으로는 익숙해져서 '저 정도는 무난'하다고 생각했던 너저분함이 가차없이 드러납니다.

그날 이후 집에 물건이 많은지, 버릴 물건은 무엇인지 분간하기 힘들 때는 스마트폰 카메라로 집안을 촬영해봅니다. 남의 집을 찍은 사진이라고 생각하면서 더욱 객관적인 시선으로 살펴보고 어디를 개선할 수 있을지 체크합니다. 때로는 그 사진을 친구나 가족에게 보내서 더욱 객관적인 의견을 들어볼 때도 있습니다. 스스로는 도저히 버릴 수 없었던 물건도 다른 사람의 '왜 그런 걸 갖고 있어?'라는 한마디에 집착이 싹 사라지기도 합니다.

자기 안에 있는 고정관념을 스스로 무너뜨리는 것은 어려운 일입니다. 제3자와 서로 사진을 주고받으면서 의견 교환을 하는 것은 좋은 방법. 서로에게 격려가 되면서 게임하듯이 즐겁게 물건을 정리할 수 있습니다.

또 버리는 생활을 시작하기 전에 현재 상황을 사진으로 남겨놓으세요. 개선되면 이전 상태를 잊어버리기 쉽거든요. '아무리 비워도 집이 그대로인 것 같아'하며 좌절하지 말고 과거 사진과 비교해보세요. 놀랄만큼 많이 깨끗해졌다는 것을 알게 될 것입니다.

옷장의 모습, 서랍 속의 내용물.
사진을 찍어보면 문제점이 부각됩니다.

'1일 1개 버리기' 실천법 5

가을 대청소로 물건 총 점검하기

일본에서는 대청소를 연말에 하지만 유럽과 미국은 봄에 하는 '스프링 클리닝'이 일반적입니다. 날이 따뜻해져서 청소하기 편하고, 겨울 동안 난로에 달라붙은 그을음을 제거하는 의미로 봄에 한다고 합니다. 일본의 봄은 꽃가루가 날리는 계절이므로 날씨가 온화하면서 공기도 맑은 가을날에 대청소를 해보는 것은 어떨까요? 가을에 해 놓으면 연말연시도 비교적 깨끗한 상태로 맞이할 수 있습니다.

우리집은 맑은 날이 많고 수온이 따뜻한 10월에 1주일 정도를 정해 대청소를 합니다. 대청소라고는 해도 평소에 하는 청소보다 5분, 10분 더 공을 들이는 정도입니다. 물건이 적으면 청소에 대한 부담도 적어서 틈날 때마다 조금씩 청소를 하기 때문에 한곳 한곳에 그렇게 시간이 걸리지 않습니다. 대청소를 기회로 수납장 안에 사용하지 않는 물건은 없는지, 작년에는 남겼지만 올해는 집착이 사라진 물건이 없는지를 총 점검합니다.

잘 정리해서 넣어둔 물건은 이런 기회가 아니면 다시 확인하기 어렵습니다. 평상시엔 보이지 않는 곳에 있기 때문에 물건이 늘어도 신경을 안 쓰게 되지만 불필요한 물건은 역시 잡념으로 이어집니다. 전근이 잦은 저희집은 그렇게 쌓인 물건 때문에 이사가 힘들어지고요.

=='귀찮으니까 그냥 두고 현상만 유지하자.'가 아니라 일 년에 한번쯤은 집 안의 물건을 총 점검하여 쓸데없는 것을 없애고 홀가분하게 살고 싶습니다.== 집도 기분도 개운하게 겨울을 맞이하고 싶습니다.

잘 정리해서 수납해놓으면 계속 그 상태로 놔두기 쉽습니다. 하지만 아이들의 성장과 생활의 변화에 맞춰 필요한 물건이 달라지기 때문에 확인해야 합니다.

평소에는 청소하지 않는 곳을 닦으면서 가지고 있는 물건을 파악할 수 있는 '가을 대청소'.

Column 1

1일 1개 버리기

다시 이사할 수 있기 때문에 물건을 더욱 줄이고 있습니다.
하루에 하나씩 버리기는 물건을 부담없이 줄일 수 있는 효과적인 수단입니다.

| day 1 |

젓가락

| day 2 |

카메라 케이스

| day 3 |

안약

| day 4 |

영수증

| day 5 |

전구

| day 6 |

선물 카탈로그

| day 7 |

약 수첩

| day 8 |

라이터

| day 9 |

컬러펜

| *day 10* |

리퀴드 파운데이션

| *day 11* |

찬합

| *day 12* |

아이용 도시락세트

| *day 13* |

아이용 주머니

| *day 14* |

스니커즈

| *day 15* |

아이용 물병

| *day 16* |

부채

| *day 17* |

아이용 런치 크로스

| *day 18* |

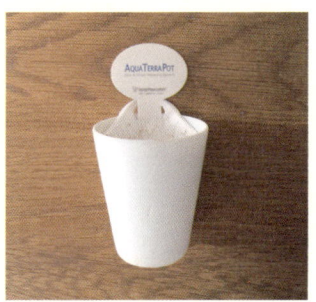

화분

| day 19 |

티셔츠

| day 20 |

아로마 디퓨저 계량컵

| day 21 |

액세서리 정리함

| day 22 |

샴푸와 린스 샘플

| day 23 |

포인트 카드

| day 24 |

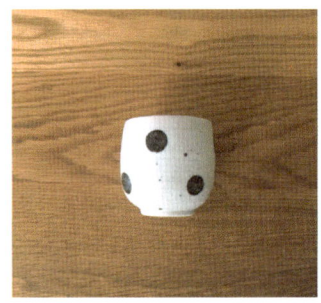

찻잔

| day 25 |

커피 드립퍼

| day 26 |

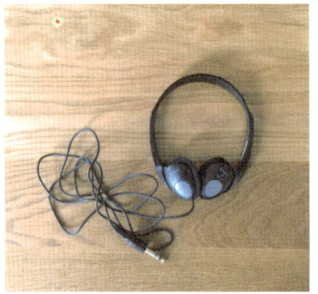

헤드폰

| day 27 |

공

| day 28 | 조미료

| day 29 | 즉석밥

| day 30 | 니트 모자

| day 31 | 카드 홀더

| day 32 | 허브티용 컵

| day 33 | 머그컵

| day 34 | 양말

| day 35 | 키친 크로스

| day 36 | 도시락통

Part 2. | ## 물건을 다루는 법

물건과 여유있게 살아가기 위해서 필요한 것은
너무 많은 물건을 줄이는 것과 동시에 사용하고 있는 물건을 '맛보고 즐기는' 것.
가지고 있는 물건의 가치를 최대한으로 높여서 사용하고 싶어요.

물건을 즐기는 법 | 물건을 고르는 법 | 물건의 양을 유지하는 법

물건을 즐기는 법 1

하루에 한 번, 즐기는 시간을 갖는다

앞에서 '1일 1개 버리기'에 몰두했던 것은 단지 집을 깨끗하게 만들기 위해서만은 아닙니다. 그것은 물건을 소중히 여기기 위한 첫걸음으로서의 버리기이기도 했습니다. 주변에 정말 필요한 물건만 남는다면 이들의 역할이 충분히 발휘될 수 있습니다. 물건이 적으면 소중하게 다루게 되기 때문입니다.

동시에 제가 물건과 생활을 위해서 신경을 썼던 것은 소중한 물건을 음미하며 즐긴다는 것. 나를 위해 존재하는 물건에 대해서 의식적으로 '소중하다', '좋다'라고 생각하는 것입니다.

사람이든 장소든 장점에 포커스를 맞추면 그 대상을 더욱 좋아하게 되고 긍정적인 감정으로 마주하게 됩니다. 마찬가지로 물건에 대해서도 '모양이 귀엽다', '쓰기 편하다'라고 ==마음에 드는 포인트에 포커스를 맞추면 더욱 그 물건이 사랑스러워집니다. 그뿐 아니라 그 물건을 사용하는 일에도 애착이 깊어집니다.==

예를 들면 추운 날에 마시는 한 잔의 밀크티. 두근두근 좋아하는 홍차를 찬장에서 꺼낸 다음, 끓인 물을 부어 향을 즐깁니다. 엄선해서 고른 밀크팬에 우유를 데우고 내가 정말 좋아하는 머그컵에 따릅니다. 이런 하나하나의 동작을 음미하고 즐기는 것입니다. 이렇게 완성된 특별한 한 잔을 손에 들고 지난밤 정리해놓은 깔끔한 다이닝룸으로 갑니다. 앉았을 때 편안한 의자에서 한숨 돌립니다. 컵 문양을 바라보며 귀여움을 만끽하고 김과 향을 느끼면서 천천히 마십니다. 맛과 따뜻함에 감싸여 그 시간을 만끽하며 행복을 느끼는 것이지요.

물건에 대한 감정은 샀을 때를 정점으로 서서히 내려가기 마련입니다. 하지만 원래 그 물건(예를 들면 홍차, 밀크팬, 머그컵, 의자)을 산 것은 이런 행복한 시간을 집에서 보내고 싶었기 때문일 것입니다. 그렇다면 충분히 맛보고 즐겨야 아깝지 않겠지요.

이렇게 일상의 작은 일들을 맛보고 즐기게 되면 마음에 드는 물건은 더욱 특별한 존재가 되어갑니다. 그러면 밖에서 만난 컵이나 냄비가 아무리 예뻐도 사고 싶은 마음이 생기지 않습니다. 쓸데없는 물건이 집 안에 들어오지 않게 되는 것입니다.

==또 물건을 사용하면서 즐기다 보면 전혀 즐길 기회가 없는 물건이나 즐길 마음이 생기지 않는 물건도 떠오릅니다. 그것들은 불필요한 물건일 가능성이 있습니다. 가지고 있는 물건을 즐기는 습관은 물건을 줄이는데도 효과가 있습니다.==

그렇지만 바쁜 매일 속에서 늘 이렇게까지 '즐기는'것은 어려운 일입니다. 그래도 하루에 한 번, 1분이라도 괜찮으니 뭔가 가까운 주변의 물건을 즐기는 시간을 가져보세요. 잘 써지는 볼펜을 손에 들고 '참 부드럽게 써지네.'하며 바라보거나, 마음에 드는 셔츠를 만지면서 '이 촉감이 참 좋아.'라는 생각을 하는 것입니다. 좋은 점을 생각하면서 만져보고 바라보기만 해도 좋습니다.

그러면 지금까지 아무런 특별함이 없었던 문구나 가전제품에 점점 사랑을 쏟고 싶어집니다. '정말 편리하구나.', '일을 참 잘하네~.', '이 해진 곳까지 사랑스럽다.' 등등 많은 것을 느끼게 됩니다. 그렇게 집 안의 물건들이 하나씩 생생하게 보이기 시작하면서 그것들을 방해하는 필요없는 물건은 치우고 싶어집니다. 하루 중에 정말 잠깐이라도 물건을 즐겨보세요. 일상에 파묻히기 쉬운 행복까지 선명해지기 시작합니다.

하루 중 잠시라도 물건을 즐겨보세요. 소소한 행복을 느낄 수 있습니다.

=== 물건을 즐기는 시간 ===

 **아침**   하루의 시작인 아침은 중요한 시간.
아침을 기분 좋게 시작하면 하루를 기분 좋게 보낼 수 있습니다.

혼자만의 시간

머그컵

가족들이 일어나기 전, 고요한 아침은 가슴 벅차게 행복한 시간. 가장 좋아하는 머그컵을 즐기면서 느긋하게 차를 마십니다. 가끔은 노트에 글을 쓰기도 하고 가끔은 눈을 감고 이 시간을 만끽합니다.

아침식사

그릇

간단한 샐러드에 달걀볶음처럼 심플한 아침 식사도 좋아하는 접시에 예쁘게 담으면 멋진 한 끼가 됩니다.

낮

외출할 때는 좋아하는 것들과 함께. 물건이 적고 어느 것이나 마음에 드는 것들 뿐이라 재빨리 고를 수 있어 준비 시간이 길지 않습니다. 청소 도구 역시 사용하기 편리하면서 애착이 샘솟는 디자인으로 고릅니다. 일을 시작하는 데 큰 동기 부여가 됩니다.

외출할 때

가방

토트백을 아주 좋아합니다.
여름에는 흰색, 겨울엔 울, 그 외에 사이즈가 약간 큰 타입은 반복 구매를 하고 있어요. 심플한 디자인으로 어떤 옷차림과도 잘 어울리고 튼튼해서 오래 쓸 수 있습니다.
어디를 가든 가지고 외출합니다.

우산

마리메코를 무척 좋아해서 우산과 집의 커튼도 마리메코를 골랐어요. 이 우산은 모노톤이라 옷과 매치하기 쉬우면서도 악센트가 되어 '대충 입어도 멋스럽게' 보입니다. 이 우산과 함께라면 비오는 날 배웅도 신나게 나갈 수 있답니다. 올려다볼 때마다 빙그레 웃음이 납니다.

신발

베이직한 컨버스는 유행을 타지 않고 질리지도 않아 오랫동안 기분 좋게 신을 수 있습니다. 가끔 다른 브랜드로 눈을 돌린 적도 있지만 결국은 되돌아옵니다. 이제는 더 이상 방황하지 않습니다. 덧붙여서 신발을 고를 때 가장 중요한 것은 오래 신어도 발이 쾌적할 것.

청소

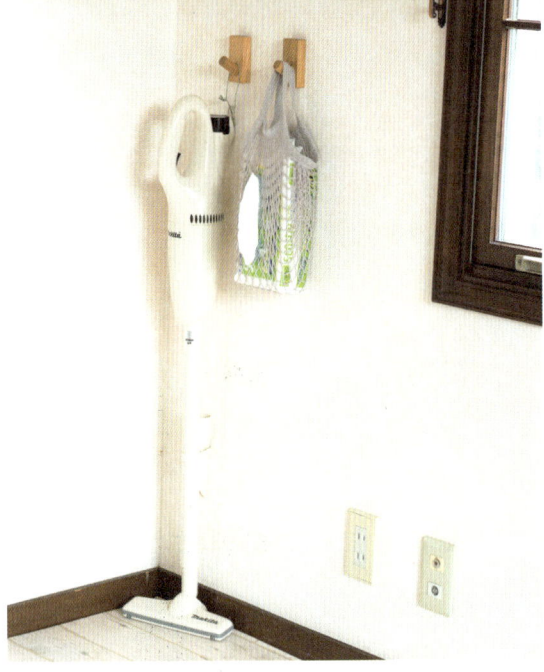

청소기
더러워지기 쉬운 식탁 옆에는 마키타의 무선청소기를 둡니다. 신경쓰일 때 코드를 꽂을 필요없이 바로 돌릴 수 있기 때문에 정말 편리합니다. 청소는 역시 편한 것이 최고.

탁상용 빗자루
이리스 한트베르크(Iris Hantverk)의 '테이블 브러시 세트'. 동글동글한 모양과 나무의 따듯함이 사랑스러워서 청소 도구라기보다는 장식하고 바라보는 잡화 같은 존재입니다. 문구류를 올려둔 책상 가까이에 걸어두고 지우개 가루도 재빨리 청소.

스펀지
무인양품의 '손잡이 스펀지'.
손잡이에 스펀지를 끼워서 고정할 수 있고 스펀지는 교환할 수 있습니다. 가끔은 멜라민 스펀지를 끼워서 세세한 부분을 문지르는데 활용. 이렇게 하고 나서 거칠어졌던 손이 바로 나았어요. 참 고마운 존재!

행주
행주는 거의 나카가와 마사시치(中川政七) 상점에서 구매합니다. 하지만 봄이 가까워지니 심플한 주방에 색을 더하고 싶어져서 애프터눈 티 리빙의 작은 꽃무늬 행주를 샀어요. 봄 기분으로 충만합니다. 바닥 외의 주방 전체, 어디든지 이것으로 슬쩍슬쩍 청소.

저녁부터 밤

잠을 소중하게 생각하기 때문에 이 시간대를 어떻게 보내는지가 중요합니다.
낮 시간을 활동적으로 보내고 몸과 마음이 모두 차분해진 아이들과 함께
편안하게 잠자리에 들 수 있도록 이 시간을 조용하게 보내고 싶습니다.

혼자만의 시간

의자

식탁의자는 5개 모두 다른 종류입니다.
의자를 좋아해서 기분에 따라 이것저것 바꿔 앉을 수 있는 것이 즐겁습니다. 밤에는 아이들이 보이는 다이닝 공간에서 일을 하거나 카페인이 들어있지 않은 차를 마시며 릴렉스합니다.

램프

소파 옆에 있는 스탠드형 램프는 무인양품에서 구입. 심플해서 인테리어에 위화감없이 녹아듭니다. 패브릭 소재의 램프갓을 통과한 빛은 참 다정한 느낌입니다. 저녁식사 후의 독서나 아이들의 공부 등에 안성맞춤. 귀가가 늦은 남편을 위해서 이 램프를 켜 둡니다.

| 물건을 즐기는 법 2 |

즐기기 천재인 아이들에게 배우기

아이들을 보고 있으면 물건을 즐기는 천재같다는 생각이 듭니다. 물건 하나가 마음에 들면 장난감이든 카드게임이든 매일 몇 시간이라도 놀곤 합니다. 학교에서 돌아오자마자 정신없이 꺼내 와서 저녁 때까지 계속 집중하니까요. 좋아하는 수건을 계속 안고 다니다가 아침에 학교에 가기 전에 이불 속에 숨겨놓은 적도 있었어요. 정말로 소중하게, 물건을 애지중지하는 모습을 엿볼 수 있습니다.

이 '소중하게'가 어른의 그것과는 다릅니다. 어른은 소중하다고 생각하는 것이 더럽혀지거나 망가지지 않도록 잘 넣어서 보관하려고 합니다. 하지만 ==아이의 '소중하게'는 철저하게 만지면서 놀고 해지고 닳아도 계속 좋아하는 것입니다.== 큰아들의 타월 이불은 10년이나 된 물건. 아기 때부터 초등학교 고학년이 된 지금까지 계속 쓰고 있습니다. 당연히 해지고 터진 곳도 있지만 수선하면서 계속 소중하게 아끼고 있어요.

이렇게 ==눈 앞의 물건이나 경험에 몸과 마음 전부를 내던지고, 마음껏 즐기는 모습을 보면 이것이야말로 인간 본연의 모습이 아닐까 하는 생각이 들어요.==

어른이 되면 자기도 모르게 그 열중을, 집착을, 애정을 잊어버리고 말지요. 일, 업무, 집안일, 가족돌보기로 인해 생각이 이곳저곳으로 흩어지게 마련이므로 어쩔 수 없는 일인지도 모릅니다. 그래도 어떻게든 물건을 줄이고, 해야만 하는 일을 줄이고, 쓸데없는 생각도 줄이고 좋아하는 물건을 마음껏 즐길 수 있으면 좋겠습니다.

타월 이불
큰아들뿐 아니라 막내도 좋아하는 타월 이불. 아기 때부터 뒤집어쓰면 마음이 편해져서 소중하게 여기는, 아주 좋아하는 보물입니다.

비즈 소파
텔레비전을 볼 때나 책을 읽을 때, 혼자 파묻혀있거나 둘이서 올라가 있습니다. 무척 편해보입니다. 무인양품의 '푹신 소파'.

물건을 즐기는 법 3

넣어두지 않고 자주 사용하기

'이건 좋아하는 옷이니까 중요한 날 입어야지.'라고 생각한 나머지, 거의 입을 기회도 없이 버려질 처지에 놓인 옷이 있어요. 그토록 좋아했는데, 이렇게 마음에 드는 옷은 찾기 힘든데. 옷은 입기 위해서 산 것인데. 아무리 잘 넣어두었다고 해도 평소에 입지 않으면 정작 입어야 할 때에 맞춰 입을 옷이나 신발이 없는 경우도 있습니다.

입을 기회 없이 세월이 너무 흐르면 정작 입으려고 할 땐 체형이나 유행이 변해있을지도 모르지요. 무엇보다, 드디어 입을 기회가 왔어도 분명 샀을 때만큼 그 옷을 좋아하지 않는다는 것입니다. 저는 요즘 옷을 사면 그 자리에서 탈의실에 들어가 입고 나옵니다. 왜냐하면 집에 돌아올 때까지 가방에 넣어두기 싫을 만큼 마음에 드는 물건이기 때문입니다. '이거야!'라고 느낀 그 순간에 입고 싶기 때문입니다.

옷은 어디까지나 입고 만족해야 하는 것. 산 것만으로 만족스럽다면 그것은 멋을 내고 싶은 것이 아니라 소유욕입니다. 소유욕으로 옷을 모으면 실제로는 입지 않는 옷까지 포함한 빵빵한 옷장이 되기 쉽습니다. 마찬가지로 소중한 식기를 상자에 넣어둔다면 쓰여지기 위해 태어난 그릇이 활용되지 않습니다. 또 사용하는 물건을 두기 위한 공간을 쩍히는 것입니다.

선종의 글귀에 명주재장(明珠在掌)이라는 말이 있습니다. 여의주는 자신의 손 안에 있다는 뜻. 이미 가지고 있는 여의주를 알아보지 못하고 다른 것을 찾아 머나먼 어딘가를 헤매는 것은 아닌지를 묻는 말입니다. ==물건은 사용해야 비로소 그 존재 가치가 생깁니다. 마음에 들면 더욱더, 비싸다면 더욱더, 사용하기 편하다면 더욱더, 매일 사용하며 그 멋진 물건을 즐기고 싶습니다.==

옷을 사면 계산대에서 가격표를 떼고 바로 입고 돌아옵니다. 옷 스타일이 거의 정해져있기 때문에 위 아래가 안 어울릴 염려는 없습니다.

무엇을 넣어두었는지 잊어버리는 일 없이 매일 잘 사용하기 위해서 라벨링.

사용하기 편하고 알아보기 쉽게 수납을 해두면 가족 누구든지 물건을 활용하기 편해요. 아이들이 집안일 돕는 것도 수월해집니다.

물건을 즐기는 법 4

물건만 아니라 '경험'도 즐긴다

예전에는 마음을 충족시키기 위해서 집을 물건으로 채우려고 했습니다. 결과적으로 물건에서 행복을 얻을 수 없었고 오히려 필요없는 물건이 넘쳐서 스트레스는 쌓여가기만 했습니다. 요즘은 마음을 채우고 싶어질 때 소중한 '경험'을 하고 있습니다.

천천히 차를 마시는 일, 책을 읽는 일, 집에 꽃을 꽂는 일. 그 순간 순간을 충분히 맛보는 동시에 그런 소중한 경험을 할 수 있는 나의 환경에 감사하며 행복을 음미합니다. 물건뿐 아니라 경험도 맛보고 즐기면 마음이 서서히 채워집니다.

'경험'의 좋은 점은 행복을 듬뿍 얻으면서도 물건과는 달리 집안의 공간을 차지하지 않는 것. 그래서 우리 집에서는 부부간의 선물도 '경험'으로 합니다. 조금 특별한 식사를 하거나 와인을 즐기기도 합니다. 물건을 주더라도 음식이나 꽃 등의 남지 않는 선물로 정했습니다. 중요한 것은 서로의 마음을 전하는 것입니다.

그 중에서 가장 좋은 '경험'은 여행입니다. 일상을 벗어나 모든 것을 신선한 눈으로 보면 오늘은 무엇을 할까? 어디에 갈까? 두근두근한 마음이 가득. 집에 돌아와서도 이 두근두근함을 떠올릴 때마다 신선한 기분이 되살아납니다. 저는 늘 이런 기분으로 살고 싶습니다. 이런 매일매일의 만족이 있다면 많은 물건은 필요하지 않습니다. 인생의 풍요는 물건의 양과 비례하는 것이 아니라고 절실하게 느끼고 있습니다.

아이와의 산책도 정말 좋아하는 경험입니다.
"이거 봐, 무당벌레야."
"제가 잡을게요!"

아끼는 사진집을 천천히 넘겨보는 더없이 행복한 시간.
마음이 리셋되어 나머지 시간을 평온하게 보낼 수 있습니다.

| 물건을 고르는 법 1 |

이거다 싶은 것은 빨리 산다

꼭 사용할 물건만 집에 들이고 싶습니다. 그래서 물건을 살 때는 심사숙고해야 한다고 생각합니다. 하지만 저는 사실 그다지 깊이 생각하지 않습니다. 살 물건은 직감으로 정한 다음, 즉시 사는 경우가 많거든요.

제 의식 속에서 감각적으로 판단하는 '직감 구매'는 무의식적인 '충동 구매'와는 다릅니다. 직감으로 '이거다!'라는 느낌이 와서 산 물건은 항상 '정말 잘 샀다.'라는 생각이 들고 실패한 적이 없습니다. 반대로 '이거다!'라는 느낌도 없었는데 '나도 모르게', '일단'이란 마음으로 사면 실패하게 됩니다.

직감을 옛날부터 느꼈던 것은 아닙니다. 물건이 넘쳐서 정리되지 않았을 때는 전혀 몰랐던 직감. 물건을 줄이고 미래와 과거에 얽매이지 않고 직감으로 버릴 수 있게 되면서, 밖에 나가서도 그 물건이 나에게 필요한지 그렇지 않은지를 직감적으로 알게 되었습니다. 아마 물건을 줄여나가는 사이에 직감력이 갈고 닦아진 것 같습니다.

직감력을 갖게 되자 필요없는 물건을 바로 처분할 수 있게 되는 동시에, 필요없는 것은 사지 않게 되었습니다. 이 세상에는 매력적인 물건이 많이 있지만 아무리 멋져도 '이거다!'라는 직감이 작동하지 않으면 사지 않습니다. '이렇게 멋진 옷이 있구나.'라고 생각하고 끝입니다.

물론 머릿속에는 '지금 옷장에는 충분한 옷이 있다.', '사려면 흰색셔츠를 바꿀 때다.', '예산은 얼마까지' 등의 정보가 들어있습니다. 그 정보와 더불어 직감력이 필요하다고 생각합니다.

토스트기를 바꾸려고 생각했을 때 지인의 '발뮤다는 정말 달라'라는 말이 떠올라서 '이거다!' 하고 구매. 사악한 가격이었지만 매일 아침 맛있는 빵을 먹을 수 있다면 감수할 수 있는 정도. 겉은 바삭바삭, 속은 폭신폭신한 빵을 먹을 수 있어서 행복합니다. 친정에도 사드렸어요.
발뮤다의 '더 토스트'

이것저것 써봤지만 마음에 드는 주전자를 쉽게 찾을 수 없었어요. 너무 무겁거나 뚜껑을 열기 힘든 게 대부분이었어요. 많은 가게를 돌아다니다가 비숍(BSHOP)에서 이 주전자와 조우. 디자인은 물론 기능적으로도 마음에 쏙 들고, 좋아하는 법랑제에다가 시크한 색감까지 한눈에 반해서 구입했습니다. 매일 정성껏 닦으면서 소중하게 사용하고 있습니다.
노다호로 '암케틀'

| 물건을 고르는 법 2

좋아하는 물건은 반복 구매한다

가지고 있는 신발이 오래되어 낡으면 같은 것으로 반복해서 구매합니다. 옷은 계절에 따라서 약간의 디자인 변화는 있지만 같은 브랜드의 같은 라인을 사는 경우가 대부분. 왜냐면 제 기준으로 '이것 이상의 옷은 없다.'라고 생각하고 있는 최고의 물건들이기 때문입니다.

==이렇게 정해진 것이 있으면 다른 물건을 보면서 검토할 필요가 없습니다. 이미 좋다고 알고 있는 물건이므로 가게에 가서 입어볼 필요도 없고 인터넷에서 가격을 비교해서 가장 싼 곳에서 구입해도 됩니다. '살 때는 좋았는데 막상 사용하려니 힘들다.' 등의 실패도 없습니다. 어쨌든 빠르고 편하며 실패없는 쇼핑을 할 수 있습니다.==

그렇지만 반복 구매 상품으로 정해질 때까지의 우여곡절이 있었던 물건도 있습니다. 여러 가지 세제를 써보고 드디어 좋은 상품을 고르게 되었지만 '친환경'이라는 광고에 현혹되어 다른 상품에 한눈을 판 적도 있습니다. 하지만 그 상품은 아무리 친환경이라지만 거품이 나지 않아 실망. 반복해 쓰던 세제는 친환경은 물론이고 거품까지 잘 났거든요. 요즘에는 이렇게 다른 상품에 도전해도 결국 '가장 좋다'라고 생각했던 물건으로 되돌아간다는 것을 알았기 때문에 더 이상 한눈팔지 않습니다.

한번 '이것은 완벽해!'라고 생각되면 반복 구매하고, 다른 물건을 시험해보는 행동은 이제 그만 두었습니다. 무엇보다 나에게 있어 최고인 물건을 사용할 때 하나하나가 즐겁습니다. '이건 정말 좋구나', '역시 이 물건이 최고'라고 안심하고 음미하며 즐길 수 있습니다.

대지의 간식
일본 과자 장인과 노포인 기름집이 만드는 간식. 재료부터 엄선해서 만들기 때문에 몸에 좋고 소박한 맛이 마음에 듭니다.

애프터눈티 리빙의 차
카페인 없는 차를 아주 좋아합니다. 향이 좋아서 늘 행복해지기 때문에 늘 이 브랜드를 선택.

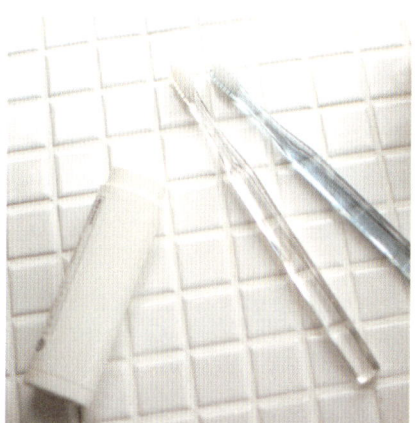

무인양품의 칫솔
솔부분이 작아서 아이들도 애용합니다. 가족의 칫솔을 모두 통일하면 세면대가 깔끔해보입니다.

다이소의 멜라민 스펀지
청소할 때 꼭 필요한 멜라민 스펀지. 원래 주사위 모양으로 잘라서 파는 것을 삽니다.

| 물건을 고르는 법 3 |

갖지 않는 물건, 사지 않는 물건 정하기

저는 조리용 젓가락이 없습니다. 일반 젓가락과 집게로 충분하니까요. 유연제도 필요없습니다. 저에게는 향이 너무 강하고 세탁물이 그렇게 부드럽지 않아도 괜찮다고 생각하거든요. <mark>필요하다는 확신에서 벗어나면 물건과 가볍게 지낼 수 있습니다.</mark> 그렇다고는 해도 지금까지 있는 것이 당연하다고 생각하며 쓰던 물건 중에서 필요없는 물건을 찾기란 쉽지 않습니다. 그래서 늘 '<mark>정말 필요한 물건은 의외로 적다.</mark>'라는 생각을 갖고 생활하려고 합니다.

지금 없애려고 생각하는 것은 작은 칼. 아이들이 쓰고 있지만 큰 칼로도 대신할 수 있습니다. 또 늘 티백으로 차를 우려서 마시니까 차거름망은 필요없을 것 같습니다. 생활을 조금 더 관찰해 본 후, 이 두 가지를 정리할 예정입니다.

그리고 '사지 않는다.'라고 정하고 직접 만들어 쓰는 물건도 있습니다. 화장실 휴지통은 종이 봉투로 만들고 소취제는 에센셜 오일을 이용합니다. 새로운 잡화는 사지 않고 현재 있는 것으로 아이디어를 내서 즐기고 있습니다.

시판 물건으로 사게 되면 휴지통을 닦는 수고를 해야 하고 소취제를 놓는 공간과 관리할 필요가 생기고 잡화는 점점 늘어나게 됩니다. 필요해도 사지 않고 집 안에 있는 물건으로 아이디어를 내서 공급했을 때는 '해냈다', '신난다', '편하다'와 같은 많은 즐거움을 느낍니다. 생활을 개선할 수 있는 찬스는 어디에 숨어있는지 모릅니다. 그것을 발견하는 일 또한 즐기고 있습니다.

전용 세제는 두지 않는다
기타미 박하유나 에센셜 오일(페퍼민트, 레몬 등)로 화장실 청소. 시판 소취제보다 자연스러운 향으로 마음이 편해집니다.

시판 위장약 등은 두지 않는다
저희집에서는 복통에는 매실엑기스와 매실단(梅丹)을, 감염증 예방이나 치료에는 마누카꿀을 씁니다. 마유는 벌레 물린 데 사용합니다.

티포트는 두지 않는다
차는 티백으로 사기 때문에 티포트는 불필요. 머그컵에 직접 우리거나 커피 서버로 대용합니다.

가능한 큰 가구는 두지 않는다
무인양품의 '벽걸이 가구'를 이곳저곳에. 물건을 둘 장소가 조금 더 있으면 편리하겠지만 청소를 생각하면 큰 가구는 놓고 싶지 않습니다.

물건을 고르는 법 4

매주 금요일엔 꽃을 장식하기

조부모님이 집안에 꽃을 장식하는 모습을 보고 자라서인지 저는 꽃을 무척 좋아합니다. 야마가타의 자연에 둘러싸여 자랐기 때문에 도시에서 생활하지만 집에 꽃이나 나무가 있으면 기분이 좋아집니다. 심플한 인테리어 속에서 선명한 색깔의 꽃이 눈에 들어오면 마음이 풍요로워지고 주변을 더 깔끔하게 정리하고 싶어지니 신기한 일입니다.

좋아하는 꽃이나 식물은 가족과 보내는 시간이 긴 주말 내내 함께 보고 싶어서 금요일에 장식하고 있습니다. 이것이 습관화되기 전까지는 귀여운 잡화를 보면 저도 모르게 사게 되어 물건이 늘어나곤 했습니다.

하지만 ==꽃이 있는 생활을 하게 되면서 잡화를 전혀 사지 않게 되었습니다. 꽃이 중심인 인테리어를 생각하면 잡화를 갖고 싶다는 생각이 들지 않습니다.== 꽃은 좋든 싫든 기한이 있기 때문에 매주 새로운 것을 즐길 수 있습니다. 더운 여름에는 상쾌한 물빛을 넣어 즐기고 초가을에는 열매가 달린 것을 함께 꽂습니다. 잡화와는 달리 여러 가지 색과 계절의 분위기를 집 안에 담을 수 있습니다. 작은 꽃다발은 저렴하게 구입할 수 있습니다.

미모사나 수국을 드라이플라워로 만들거나 오래 즐길 수 있는 나뭇가지를 꽂기도 합니다. 제가 조부모님의 뒷모습을 보고 있었던 것처럼, 딸도 꽃을 즐기는 제 모습을 보고 있을 것입니다. 요즘에는 딸도 길가에서 딴 꽃으로 꽃꽂이를 해보기도 합니다. 길가의 꽃에서 사람을 응원해 주는 것 같은 눈에 보이지 않는 힘을 느낍니다. 아이들에게도 생활 속에서 꽃과 식물을 즐기는 습관을 갖게 해주고 싶습니다.

꽃꽂이를 할 때도 그 시간을 음미하고 즐깁니다. 마음이 충만해져서 필요 이상의 물욕이 가라앉습니다.

꽃다발이 시들기 시작하면 깨끗한 부분만을 골라서 물에 띄우기도 합니다. 꽃이나 잎이 움직이는 자연의 예술을 즐길 수 있습니다.

물건을 고르는 법 5

내 마음에 꼭 드는 물건 사기

물건을 줄인 혜택은 인생이 달라질 만큼 커다란 것이었습니다. 생활이 편해지고 본래의 나를 되찾게 되었으니까요. 하지만 물건만 없으면 그것으로 좋은 것일까요? 그건 아닌 것 같습니다. 좋아하는 물건이 집에 있으면 기쁘고, 편리한 물건이 있으면 편안함을 얻을 수 있습니다. 중요한 것은 '적당량'의 범위 안에 있는 것입니다.

그러면 어느 정도 정해두어야 하는 것이 '소유하기로 결정하는 물건'의 기준입니다. 제 경우는 무엇보다 사용 빈도. 거의 쓰지 않는 물건은 필요없지만, 매일같이 편하게 사용하는 물건이라면 반드시 갖고 싶습니다.

집안일과 육아는 편하면 편할수록 행복하기 때문에 '이거 좋네!' 하며 좋은 상품을 발견하면 구입하고 있습니다. 그런 용품을 발견하는 것은 대부분 인터넷입니다. 집에 앉아서 온갖 정보를 얻을 수 있고 여러 가지 물건과 만날 기회도 많이 늘었습니다.

물건을 판단할 때 참고하는 것은 물건 상세 설명과 구매 후기. 하지만 아무리 평이 좋은 물건이라도 '막상 받아봤더니 생각보다 크다.', '무거워서 쓰기 힘들다.'와 같은 실패를 겪기도 합니다. 그 경험 덕분에 이제는 새로운 물건을 살 때는 매장에 직접 방문하여 실물을 확인합니다.

크기, 무게, 촉감을 확인하고 나서 구입을 결정. 물론 제가 사용할 물건은 '음미하며 즐길 수 있고' 보기에도 좋은 것을 중요시. 좋아하는 심플한 디자인인지도 중요한 요소입니다.

국자나 냄비 뚜껑으로 조리대가 더럽혀지는 것이 싫어서 구입한 야마자키 실업의 '토스카 국자 & 뚜껑 스탠드'. 같은 '토스카' 시리즈인 도마스탠드를 건조대로 사용하고 있는데 둘다 흰색이고 아름다운 심플 디자인이라 마음에 듭니다.

매일 먹는 양상추는 옥소의 '야채탈수기'로 물기를 뺀 다음, 통째로 냉장고에 넣어둡니다. 손잡이를 눌러서 고정시키면 콤팩트하게 수납 가능해서 편리. 양상추는 일주일 정도 여기에 두고 꺼내먹습니다. 샐러드를 만들 때마다 양상추를 씻고 물기를 빼는 수고가 생략되니 시간이 크게 단축됩니다.

펄금속의 에그피어셔(Egg piercer). 여기에 달걀을 올려놓고 꾹 누르면 달걀 바닥에 작은 바늘 구멍이 뚫립니다. 그상태로 달걀을 삶으면 껍데기가 술술 벗겨진답니다. 아이들이 삶은 달걀을 잘 먹어서 껍데기 벗기는 것도 보통일이 아니었는데 해방되었습니다. 또 당근 채썰기를 쉽고 빠르게 할 수 있는 카이지루시의 '셀렉트 100 채칼'도 매일 유용하게 사용합니다. 디자인이 깔끔하고 심플해서 가지고 있는 법랑용기와 잘 어울리는 것도 기분 좋아요.

물건의 양을 유지하는 법

'적당량'을 유지한다
- 내 적당량 = 그때 필요한 양

'싸니까', '만약을 위해서' 지금 쓸 것 이상을 사버리는 생각과는 이별했습니다.

복사용지는 프린트 트레이에 들어가는 100장만 구매, 3켤레에 1000엔인 양말도 한 개나 두 개가 필요분. 티슈 등 소모품은 비축품을 쟁여두지 않고 식재료도 그날 사용할 분량만 구입합니다. 카레를 만든다면 당근과 양파를 하나씩. 고기 1팩과 감자 2~3개만 사는 것이지요. 마트에는 운동을 겸해서 매일 가기 때문에 문제없습니다. 소량으로 사면 대량 구매보다 약간 비싸지만 남아서 버리는 것이 없으므로 결과적으로는 절약으로 이어집니다.

<mark>제게 있어서 물건의 적당량은 '지금 필요한 분량'입니다. 예를 들어 매일 줄어가는 소모품이라도 내일 필요한 분량은 마트에 잔뜩 있으므로 걱정없습니다.</mark> 더구나 그곳은 정확한 온도로 관리되며 신선한 물건이 매일 아침 들어오는 '우리집 팬트리'입니다.

옷이나 그릇처럼 단기간에 소모되지 않는 물건이라면 더더욱 다 쓸 수 있는 분량만으로 충분. 쓰지 않는 여분의 물건은 필요하지 않습니다. 예를 들어 옷장에 코트는 2개 있으면 충분합니다. 겨울 스웨터는 매년 교체하기 때문에 여름에는 없습니다.

앞치마 여분도 '큰아들이 학교에서 조리실습할 때 사용하는 게 있구나'라는 생각이 나서 처분했습니다. 최근에는 안경을 2개에서 1개로 줄였습니다. 조리 도구도 하나씩만 가지고 있습니다.

옷 상의

═══ 나의 적당량은 이런 느낌입니다 ═══

연중

마가렛 호웰(MARGARET HOWLL)의 셔츠

연중

무인양품의 긴팔 블라우스

봄·가을

무인양품의 보더 컷앤소

봄·가을

무인양품의 보더 컷앤소

가을·겨울

오르치발 (ORCIVAL)의 보더 컷앤소

가을·겨울

오르치발의 보더 컷앤소

여름

무인양품의 보더 티셔츠

여름

마가렛 호웰의 티셔츠

여름

모리스앤송즈(Morris &Sons)의 티셔츠

여름

무인양품의 티셔츠

여름

마가렛 호웰의 반팔 셔츠

여름

무인양품의 탱크탑

봄·가을·겨울

무인양품의 카디건

봄·가을·겨울

로카팔라(Lokapala)의 파카

봄·가을·겨울

짐플렉스(Gymphlex)의 보아 조끼

겨울

무인양품의 터틀넥

가지고 있는 옷을 전부 접착식 메모지에 적어 노트에 붙여둡니다. 자주 확인하면 가지고 있는 옷의 정보를 알 수 있어 충동구매를 막아줍니다.

바지	연중	연중	가을·겨울	가을·겨울
	저널 스탠다드(JOURNAL STANDARD)의 데님	무인양품의 팬츠	무인양품의 코듀로이 팬츠	무인양품의 코듀로이 팬츠

	봄·여름·가을	봄·여름·가을	치마 봄·여름·가을	봄·여름·가을
	아듀 트리스티스(ADIEU TRISTESSE)의 와이드팬츠	주카(ZUCCa) 와이드팬츠	파릿시 클라시스크(PAR ICI KLASSISK)의 멜빵치마	퐁데 샤론(Pont de Chalons)의 치마

가을·겨울	원피스 봄·여름	가을·겨울	겉옷 가을·겨울
휴먼우먼(HUMAN WOMAN)의 치마	친정엄마가 미나 페르호넨(mina perhonen) 원단으로 직접 만든 원피스	유니클로의 원피스	노스페이스의 재킷

봄·가을·겨울	룸웨어 연중	봄·가을	봄·가을
마가렛 호웰의 롱코트 (안감 탈부착 가능)	브랜드 불명의 요가 바지	무인양품의 코튼 팬츠	무인양품의 보더 컷앤소

Part 2. 물건을 다루는 법

여름	가을·겨울	가을·겨울

무인양품의 코튼 팬츠	무인양품의 스웨트 팬츠	마가렛 호웰의 운동복

이너

가을·겨울	가을·겨울	겨울	여름·가을

아사후쿠(麻福)의 내복	유니클로의 히트텍	유니클로의 히트텍	에밤에바(evam eva)의 레깅스

양말

연중	연중	봄·여름	가을·겨울

무인양품의 양말	오른쪽 : 무인양품의 양말 왼쪽 : 아우어(ouur)의 양말	무인양품의 풋커버	오른쪽 : 무인양품의 양말 왼쪽 : 마리메코 (Marimekko)의 양말

신발

가을·겨울			

마가렛 호웰의 타이츠	뉴발란스의 스니커즈	마가렛 호웰 + 컨버스의 스니커즈	유나이티드 애로우즈(united arrows)의 구두

가방

버켄스탁의 샌들

헌터의 장화

오르치발의 토트백

오르치발의 토트백

나카가와 마사시치
(中川政七)상점의 천가방

버켄스탁의 쇼핑백

오르치발의 울 토트백

마가렛 호웰의 숄더백

액세서리

마리메코의 배낭

루이비통의 토트백

엄마가 주신 진주목걸이

엄마가 주신 교토의
천연석 목걸이

파라스 파레스(pal'las palace)의 목걸이

퓨어트레(puretre)에서 구입한 귀걸이

퓨어트레에서 구입한 귀걸이

빔즈(BEAMS)의 반다나

Part 2. 물건을 다루는 법

수건류

클라스카 갤러리&숍 두 (Claska gallery&Shop DO), 애프터눈티 리빙 등의 바스타월

메라(布良), 클라스카 갤러리&숍 두, 무인양품 등의 페이스타월

포그린넨워크 (fog linen work) 리노 에 리나(Lino e Lina) 리나스(ILINAS)의 린넨 (핸드타월 겸 식기의 물기를 닦을 때 사용)

애프터눈티 리빙의 행주

취미 관련

차

오른쪽 : 가고시마 마코토(鹿児島 睦) 씨의 손수건
왼쪽 : 나카가와 마사시치 상점의 손수건

챠산다이(茶三代一)의 오각차

야마가타 물산관에서 구입한 건강차

애프터눈티 리빙의 얼그레이(노카페인)

에센셜 오일류

애프터눈티 리빙의 애플티

무인양품의 페퍼민트

무인양품의 유칼립투스

무인양품의 레몬

무인양품의 스위트오렌지

무인양품의 라벤더

에바비바(erbaviva)의 유향

에바비바의 바질

기타미핫카의 박하유

주방용품

냄비류

미국에서 구입한 테팔 프라이팬 세트(대)

소리야나기의 프라이팬. 뚜껑은 편수 냄비에도 사용가능

소리야나기의 편수냄비

덴스크(DANSK)의 밀크팬

리스(RIESS)법랑냄비

노다호로의 법랑볼

커트러리

무인양품의 체

무인양품의 젓가락

에디슨 젓가락

무인양품의 포크

무인양품의 포크

모모내추럴 등의 나이프

무인양품의 숟가락

무인양품의 숟가락

무인양품의 티스푼

◯ 식기

무인양품의 밥공기

잡화점에서 구입한 벚나무로 만든 국그릇

구리하라 하루미 씨의 국그릇

무인양품의 국그릇

브랜드 없는 면기 (돈부리바치)

피어원임포트(Pier 1 Imports) 사발(중)

Torsten Thorup 사발(중)

스태퍼드셔의 중접시

악투스(ACTUS)에서 구입한 유리볼

이딸라 띠마(iittala teema)의 사발(소)

호리이 카즈코(堀井和子) 씨의 빵접시

스튜디오 클립(Studio CLIP)의 빵접시

스포드(spode)의 중접시

아라비아 파라티시(ARABIA Paratiisi)의 중접시

로스트란드(Rorstrand)의 중접시

로스트란드의 대접시

이딸라의 대접시

무인양품의 대접시

무인양품의 유리컵

호리이 카즈코 씨의 유리컵

듀라렉스(duralex)의 유리컵

작가(불명)의 유리컵

이딸라의 유리컵

미국에서 구입한 브랜드 불명의 컵

다카하시 공예의 머그컵

아라비아의 머그컵

아라비아의 머그컵

킨토의 내열머그컵

애프터눈티 리빙의 커피잔과 컵받침

아라비아의 커피잔과 컵받침

손님용 머그컵 등

Part 2. 물건을 다루는 법

Column 2

1일 1개 버리기에 도전!

'물건이 수납장 밖으로 넘쳐나고 있다'고 힘들어하는 친구에게
1일 1개 버리기를 알려주었습니다.
약 3개월간 어떤 변화가 있었는지 보여드립니다.

호소다 씨(30대)
현재 살고 있는 단독주택에 이사온 지 5년.
4살 아이를 키우는 워킹맘입니다.
'집안일에 너무 세세하게 신경쓰는 것은 싫어요.
어쨌든 편하게 할 수 있으면 좋겠어요.'

[Before] so bad...

계단 아래

생활잡화와 소모품을 수납.
비축품이 너무 많아서 안쪽에는
손이 닿지 않는다. 무엇이 들어
있는지도 알 수 없는 상태.

신발장

물건 종류에 따라서 대충은 정리되어
있지만 '정체불명의 열쇠', '알 수 없는
오일' 등 '무엇인지 알 수 없는 물건'이
가득.

현관

유모차와 아이용 자전거 등, 큰 물건
이 놓여있어 공간을 압박.
신발을 벗어놓기 힘든 상태. 물건 아
래에 먼지가 쌓여있다.

남편의 옷장

안에는 3년 이상 입지 않은 옷도
들어 있다. 아래쪽 박스 2개 속
은 모두 걸레 등으로 사용하려
고 모아둔 헌옷.

문 있는 수납장

서랍을 넣어서 분류는 했지만 거의 열지 않는
곳도. 수납장 옆에 투명한 선반이 있지만 거의
사용하지 않는다.

식기장

식기가 가득 차 있고 선반 널판 간격이 좁아
서 꺼내기 힘들다. 특히 안쪽의 식기를 꺼내는
것이 힘들어서 제일 안에 있는 것은 존재를
잊은 일도.

3개월 동안 350개의 물건이 집에서 사라졌다!

'소꿉친구인 미쉘의 영향으로 전부터 단샤리(斷捨離 : 불필요한 것을 끊고(斷), 버리고(捨), 집착에서 벗어나는(離) 것을 지향하는 정리법)와 정리는 해왔어요. 그래도 어느 새 옷과 신발, 생활용품이 늘어나 있더라고요'라는 호소다 씨. 비울 물건은 영수증이든 펜 1개든 상관없다고 듣고 '1일 1개 버리기'에 도전하였습니다. 시작은 4월말. 이후 3개월 동안에 350개나 되는 물건을 비워내는데 성공! 하루에 한 개만 비운 것이 아닙니다. 실행하면서 호소다 씨가 느낀 것은 '집 안에 이렇게도 많은 물건을 숨겨두고 있었다니'였다고 합니다.

[After]

현관

더 이상 쓰지 않는 A형 유모차를 처분하고 다른 물건은 알맞은 장소에 수납. 많이 깔끔해졌고 현관 바닥을 구석까지 청소할 수 있게 되었다.

신발장

'뭔지 모르는 물건', '몇 년 동안 쓰지 않은 물건'은 처분하고 신발장용 시트를 깔아서 깔끔하게.

계단 아래   very good !

교체용 매트와 빈상자 등을 처분. 바닥을 밟을 수 있어 선반 안쪽의 물건을 꺼낼 수 있게 되었다.

식기장

식기를 처분하고 칸막이를 한단 줄였더니 높이에 여유가 생겨서 안쪽의 물건을 꺼내기 쉬워졌다. 아랫단에 바구니를 넣어 밀폐용기를 수납.

문 있는 수납장

사용하지 않는 물건을 서서히 줄이고 뚜껑 있는 상자를 꺼냈더니 선반 속에 공간이 생겼다. 옆에 있던 투명한 선반도 처분했다.

남편의 옷장

헌옷이 들어있던 박스를 처분하니 바닥에 여유가 생겼다. 옷걸이 간격에 여유가 생겨 넣고 빼는 것이 쉬워졌다.

처음엔 1일 1개씩, 점점 속도가 붙는다

집 안에 수납상자와 물건이 너무 많다는 생각에 어떻게든 하고 싶었다는 호소다 씨. 하지만 워킹맘이라 정리에 손을 댈 용기가 나지 않았다고 합니다.

'1일 1개 버리기'라면 한번 도전해볼까 하는 생각으로 처음 겨냥한 곳은 '필요없는 물건이 너무 많은 것 같아'서 계속 신경이 쓰이던 계단 아래의 선반. 필요없는 물건을 골라서 버리는 사이, 꽉 차있던 선반에 서서히 여유가 생기기 시작했습니다.

그러자 '이 정도면 이곳 정리를 할 수 있겠어.'라는 마음이 생겼습니다. 동시에 '골라내는 것만으로는 성에 차지 않아'라는 욕구가 생겼다고 합니다. 그래서 선반 속에 있는 것을 꺼내보니 몽땅 불필요한 물건이 나왔습니다.

선반 하나가 깔끔해지자 다른 선반도 정리하고 싶은 의욕이 생기게 된 것이 일단 큰 마음의 변화. 또 수납장을 볼 때 '분명히 불필요한 물건이 있다'는 시선으로 보게 되었다고 합니다.

물론 매일 버리는 과정에서 '뭘 버리지'라고 고민한 날도 있습니다. 그럴 땐 '뭐 머리끈은 같은 것이 또 있으니까'라는 식으로 여러 개 있는 물건을 처분했습니다. 그러다보니 전에는 버릴 결단을 내리지 못했던 물건도 쉽게 버릴 수 있게 되었다고 합니다.

한번 확인한 장소라도 집안을 한 바퀴 돈 후에 다시 보면 결국은 안 쓴다는 것을 깨닫고 버리기도.

'입지 못하는 좋아하는 옷'도 세 바퀴 째에는 정리하는데 성공! 그 옷을 포함하여 처분하고 후회한 물건은 하나도 없었다고 합니다.

물건을 구입할 때도 큰 변화가

이제까지는 마음에 드는 물건이 있으면 바로 사서 돌아왔지만 '1일 1개 버리기'를 하게 된 후부터 갖고 싶어도 일단 집에 돌아와서 생각하게 되었습니다. 힘들게 물건을 줄이고 있는데 쉽게 물건을 들이고 싶지 않은 것입니다.

엄청나게 필요한 물건이 아니라면 늘리고 싶지 않다고 생각하게 되었습니다. 그리고 사려는 물건이 '버리기 쉬운 물건'인지도 생각하게 되었습니다.

어쨌든 '앞으로는 쉽게 물건을 사지 않겠다'며 단호하게 이야기합니다.

'저는 게으름쟁이라 앞으로도 '1일 1개 버리기'를 지속할 수 있을지 모르겠어요. 하지만 매일이 아니라도 이전보다 물건을 버리는 것에 저항감이 없어진 것은 확실해요. 그런데 전에 엄청 많이 모아둔 원단에는 아직 손을 대지 못했네요. 앞으로 남은 과제예요.'라고 말했습니다.

> **미쉘의 advice**
>
> 원단은 애착을 갖고 있는 물건이므로 다른 곳을 마무리하고 마지막에 해도 괜찮습니다. 시작할 때는 조금씩 손을 대면 다른 곳을 치울 때처럼 점점 장벽이 낮아질 것입니다. 무리하지 말고 버리기 습관을 계속 유지하세요!

호소다 씨의 1일 1개 버리기

day 1	day 2	day 3	day 4	day 5
바스타월 핸드타월	아기옷과 모자	룸슈즈	머리고무줄	메이크업 용품

day 5	day 6	day 7	day 8	day 9	day 10	day 11
이유식용 그릇 보관용기	망치, 마스킹테이프	에코백	여행용 가방	선반(4개)	액세서리 케이스	사은품 파우더 퍼프

day 12	day 13	day 14	day 15	day 16
일회용 앞치마 아기용 손톱 줄	아기용 시트	이사용 이불커버	면도기, 세안용 거품망	아이 양말 내 스타킹

(day 12 앞: 청소기용 종이팩 수건걸이)

day 17	day 18	day 19	day 20	day 21	day 22
윗옷	우편엽서	아이옷	손톱 줄	업무 서류	반다나, 런천매트

day 23	day 24	day 25	day 26	day 27	day 28
고무 주걱	수건	가방	아이용 이불커버	부츠	공작용 철사 이어폰케이스

day 29	day 30	day 31	day 32	day 33	day 34
아기옷	치마	보풀제거기	거울테두리	연하엽서	벨트

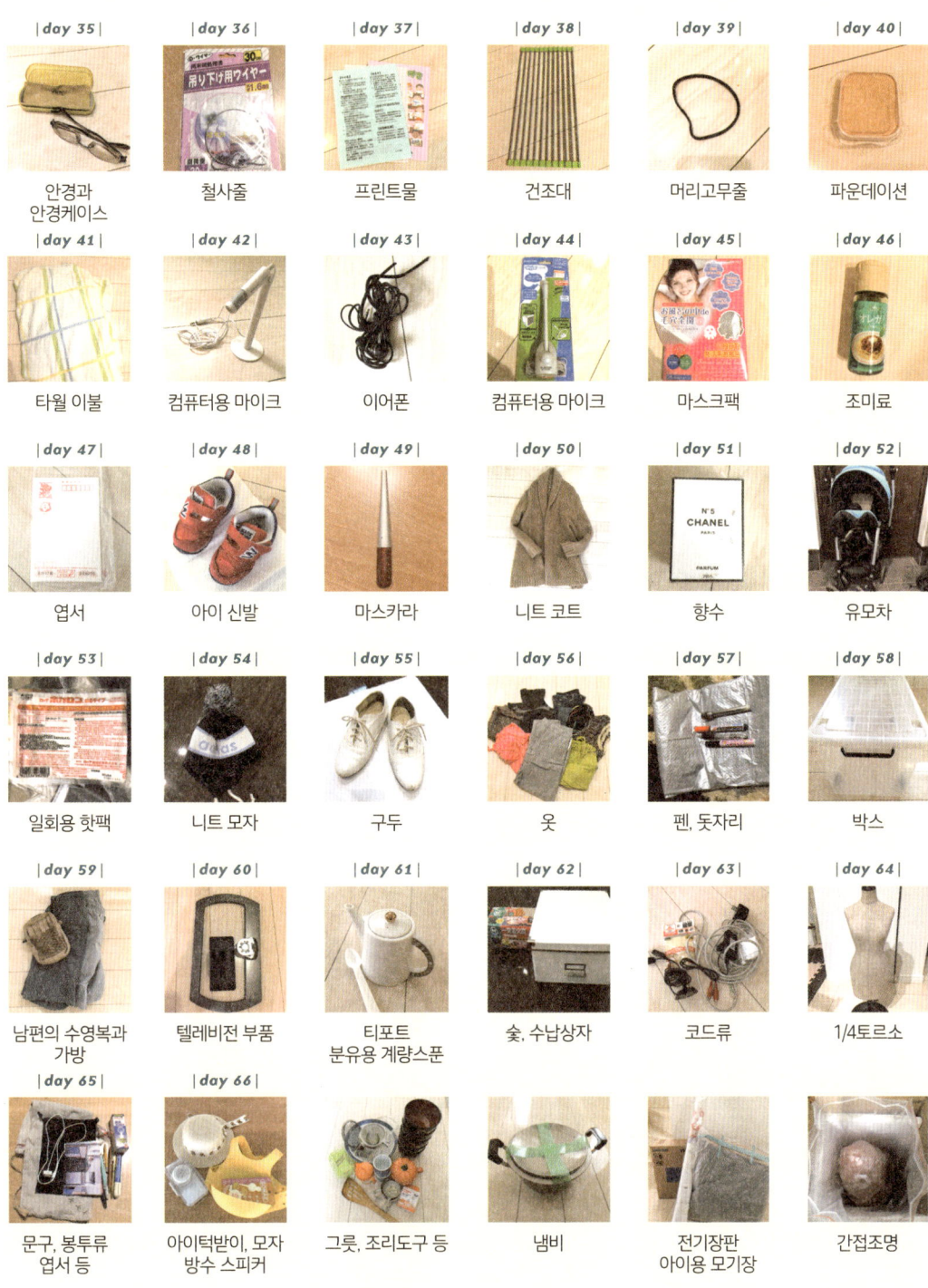

day 35	day 36	day 37	day 38	day 39	day 40
안경과 안경케이스	철사줄	프린트물	건조대	머리고무줄	파운데이션
day 41	day 42	day 43	day 44	day 45	day 46
타월 이불	컴퓨터용 마이크	이어폰	컴퓨터용 마이크	마스크팩	조미료
day 47	day 48	day 49	day 50	day 51	day 52
엽서	아이 신발	마스카라	니트 코트	향수	유모차
day 53	day 54	day 55	day 56	day 57	day 58
일회용 핫팩	니트 모자	구두	옷	펜, 돗자리	박스
day 59	day 60	day 61	day 62	day 63	day 64
남편의 수영복과 가방	텔레비전 부품	티포트 분유용 계량스푼	숯, 수납상자	코드류	1/4토르소
day 65	day 66				
문구, 봉투류 엽서 등	아이턱받이, 모자 방수 스피커	그릇, 조리도구 등	냄비	전기장판 아이용 모기장	간접조명

\ 66일간, 약 **200개**, 버렸습니다! /

Column 3

친정엄마에게 물려받은 것

가족과 바느질을 사랑하고 필요없는 물건은 미련없이 버리는 엄마.
하루하루를 소중하게 즐기면서 사는 우리 엄마.
엄마의 뒷모습은 늘 배울 것으로 가득합니다.

매년 여름방학이면 아이들을 데리고 친정인 야마가타로 갑니다. 올해는 2주 정도, 여동생의 큰딸(초4)까지 합류, 아이들 네 명과 함께 친정의 4평 정도 되는 방에서 지냈습니다.
짐이 넘쳐서 방이 난장판이 될까봐 걱정했지만 한 사람당 하나씩 상자를 주었더니 자기 물건을 깨끗하게 넣어서 정리했기 때문에 언제나 깔끔. 물건이 적고 수납장소가 명확하다면 어려도 잘 할 수 있다는 것을 다시 한 번 실감했습니다. 이렇게 자신이 있는 자리를 정리하는 정신을 아이들에게 자연스럽게 전해주고 싶습니다. 저에게 정리 정신을 알려준 것은 친정에서 절을 잘 꾸려나가고 계신 엄마입니다.
조부모님 대에서 절을 이어받았을 때 본당에는 각종 물건이 가득했다고 합니다. 하지만 엄마는 과감하게 많은 물건을 처분하고 깔끔하게 정리하셨대요. 제가 아무것도 없는 공간의 홀가분함을 알게 된 것은 엄마가 만들어 놓은 본당이었습니다.
저는 생활에 필요한 것을 정확하게 파악하고 필요없는 물건은 주저없이 처분하는 엄마의 모습을 보면서 자랐습니다. 제가 비울 때 망설임이 없는 것은 꾸준히 직감을 길러온 덕분이지만 그 시작을 더듬어 올라가면 거기에는 엄마가 계십니다.
그리고 동시에 엄마는 물건을 제대로 즐기는 분입니다. 바느질을 잘하셔서 자신의 옷은 물론 가족들의 취향에 맞는 옷과 물건 등을 만드십니다. 그런 물건들을 만들어 주실 때마다 사랑을 느낄 수 있어요.
가정 과목 성적이 바닥이었던 저는 바느질부터 아이들 보조 주머니 만들기 등 모든 것을 엄마에게 맡기고 있어요. 우리 아이들이 손으로 만든 물건의 온기를 느낄 수 있다는 것이 얼마나 감사한지 모릅니다.

엄마와 아침 시간

엄마는 5년 전부터 아침에 일어나자마자 노트에 이것저것을 쓰신다고 합니다. '하루를 소중하게' 같은 좌우명, 오늘 할 일, 장보기 리스트 등을 적습니다. 이것저것 할 일이 많아 바쁜 느낌이 들어도 일단 글로 적어보면 마음을 가라앉히고 차분히 시작할 수 있게 된다고 합니다.
의외로 빈 시간이 있다는 것도 알게 되어 하고 싶은 일을 할 수 있어 마음에 여유도 생겼다고. 엄마는 '여생이 얼마 남지 않았으니 시간을 소중하게 생각해야 한다.'라고 말씀하십니다.
저도 시간을 대충 흘려보내지 않고 하루를 소중하게 사용하고 싶습니다. 저도 엄마처럼 아침마다 노트에 글을 쓰고 있습니다. 우리 아이들에게도 물려주고 싶은 습관입니다.

엄마는 우리집에 놀러 올 때도 바느질 도구를 가지고 오십니다. '뭐라도 꿰맬 것이 있지 않겠니?'라며 큰딸이 좋아하는 타월 이불을 수선 중. 입고 계신 옷은 직접 만든 원피스. 아래에 치마를 겹쳐 입는 센스에 감탄할 따름입니다. 직접 만든 옷도 2년 정도 입다가 질리면 처분합니다.

엄마가 직접 만든 실내용 덧신. 수선하면서 신는 과정에서 점점 발에 잘 맞게 되었다고 합니다. 자투리 천을 파는 가게에서 일하고 계시기 때문에 취향에 맞는 원단으로 수선. '가지고만 있으면 쓸모없으니까 바로 사용한다'가 모토.

저는 '아침 노트 시간'에 포스트잇에 새로 늘어난 물건들을 적어 수첩에 붙여놓습니다. 물건을 새롭게 파악해두면 집안일을 효율적으로 할 수 있습니다.

자주 가는 절인 교쿠센지에서 정원을 바라보고 계신 엄마. 바쁜 하루하루지만 '아침 노트 시간' 덕분에 빈 시간을 편하게 쉴 수 있게 되었다고 합니다.

| Part 3. | 심플하게 생각하는 법 |

물건 뿐 아니라 내게 필요하지 않은 생각도 버립니다.
마음이 우울해지는 부정적인 생각과 무겁게 받아들이는 방식을 버리고
매일 가벼운 마음으로 살아가고 싶습니다.

생각을 정리하는 법 | 마음을 다스리는 법

생각을 정리하는 법 1

필요없는 생각은 버린다

많은 물건을 떠 안고 있으면 좋은 물건이 새로 들어오지 못하듯이 많은 생각을 끌어안고 살면 좋은 생각이 들어올 자리가 없어집니다. 미래에 대해 생각하다가 지나치게 불안과 걱정에 휩싸이거나 과거에 얽매여서 답답함과 짜증을 쌓아놓지 마세요. 정작 즐거운 일과 기분 좋은 감정을 놓쳐버리게 됩니다.

쌓아두지 말아야 할 감정이란

슬픈 일이 생겼을 때 슬퍼하는 것은 당연하며 그것은 쓸데없는 감정이 아닙니다. 하지만 사진첩에는 즐거운 추억이 담긴 사진만 골라 넣어두는 것처럼 뇌 속 사진첩에도 좋은 추억을 쌓아 가고 싶습니다. 일부러 안 좋은 감정을 잔뜩 기억해둘 필요는 없으니까요.

그리고 내가 원하지 않는 일에 대한 두려움이나 불안을 계속 생각하는 것도 피하고 싶어요. 예를 들어 육아 중에 사회 복귀에 대해서 생각했을 때, '취직할 곳이 없으면 어떡하지?', '어린이집에 자리가 없으면?'이라고 나쁜 쪽으로만 생각하지 마세요. 점점 마음이 괴로워지고 판단이나 행동에 편견이 생기기 때문입니다.

내가 할 수 있는 한도 내에서 구직 활동을 하고 어린이집을 알아보면 됩니다. 그 이후엔 성과가 나오리라 믿고 기다려야합니다. ==미래에 대해서 아무리 많은 걱정을 해도 상황이 개선되지는 않기 때문입니다.== 선종에는 일행삼매(一行三昧)라는 말이 있습니다. 앞으로 일어날 일을 너무 신경쓰지 말고 지금 여기에 집중하며 쓸데없는 것을 생각하지 말라는 가르침입니다. 끌어당김의 법칙에도 나오는 말이지만 안 좋은 일만 생각하며 지나치게 걱정하면 결국 나쁜 결과를 끌어당기게 된다고 생각합니다.

부정적인 감정에서 포커스를 옮긴다

그래도 계속 나쁜 상상만 하게 될 때는 '나는 지금 우울하구나.'라고 내가 부정적인 감정 상태라는 것을 우선 인정합니다. 그 다음 '그러면 어떻게 되고 싶은 것인가', '무엇을 원하는가'에 초점을 맞춥니다.

예를 들어 자신의 싫은 부분에 대해 우울감에 빠져있다면 '그렇구나, 내 이런 면이 싫은 것이구나', '그래서 우울한 것이구나'라고 객관적으로 바라봅니다. 그 위에서 그렇다면 나는 어떻게 되고 싶은가, 어떻게 하면 기분이 좋은지를 생각합니다. '이런 식으로 되고 싶다.', '이런 식이면 즐거울 것 같다.'라는 식으로. 그러면 서서히 마음이 가벼워지는 것을 느낄 수 있습니다.

==포커스를 '희망'에 맞추게 된 후 처음으로 '불안', '낙담'만 생각하고 있으면 원하는 대로는 되지 않는다는 것을 깨달았습니다.== 이것저것 걱정만 하고 있다면 '좀 더 낙관적이 되고 싶어. 걱정없이 사는 삶은 정말 편하겠지. 안심하는 느낌은 정말 기분이 좋아.'라고 생각을 원하는 쪽으로 가지고 가보세요.

사람은 보고 있는 쪽으로 나아가는 존재입니다. 자전거를 연습할 때도 도랑에 빠지고 싶지 않은 나머지 도랑만 보고 있으면 결국 빠지게 되잖아요. 나아가고 싶은 곳이야말로 내가 바라보아야 하는 장소라는 것을 기억하세요.

많은 생각을 끌어안고 살면 좋은 생각이 들어올 자리가 없어집니다.

지금 하는 일을 좋아할 수 없어서 고민하고 있다면 '일이 좋아지면 조금 더 나아질 거야.', '상사는 마음에 안 들지만 지난번엔 의지할만한 부분도 있었어.' 등 긍정적인 면을 의식합니다. 불만의 반대가 되는 '자신이 원하는 것'에 신경을 쓰는 것입니다. 그 작은 한걸음이야말로 자신이 무엇을 하면 좋은지가 명확해지므로 그 이후의 전개가 긍정적으로 변해갑니다.

==인생은 누구에게나 힘든 과정입니다. 자기도 모르게 부정적인 생각을 하는 것은 자연스러운 일. 하지만 그것을 언제까지나 반복해서 생각하는 것이 아니라 원하는 방향으로 포커스를 맞추는 것이 중요합니다.== 그것은 인생 전반에서 생기는 모든 고민을 해결하나가는데 하나의 작은 방법이 되리라 믿습니다.

때로는 답답한 마음 반대쪽에 있는 '원하는 것'을 써놓고
필요없는 부정적인 생각은 차분하게 버리려고 합니다.

생각을 정리하는 법 2

고정관념에 얽매이지 말고
필요없는 일은 하지 않는다

가계부가 부담이라면 쓰지 않는다

결혼한 후 얼마 동안은 가계부를 썼습니다. 영수증을 모아서 가계부에 적어 넣고 계산을 한 다음, 한숨을 쉰다…. 정말 부담스러웠어요. 깜빡하고 빠뜨리면 내 자신에게 실망스러워지고 지출이 많으면 당황했습니다. 이토록 시간과 마음을 할애했지만 절약으로 이어졌는가 하면 그것도 아니었습니다. 저에게는 마이너스 요소 밖에 없었습니다.

==한 집안의 주부라면 가계부를 쓰는 것이 중요한 과제일지도 모릅니다. 하지만 부담으로만 느껴진다면 그만둬도 괜찮습니다.== 제 경우는 가계부 쓰기를 그만두고도 경제적으로 마이너스가 된 적은 없습니다. 오히려 시간과 마음의 여유가 생겨서 그만 쓰길 잘했다고 절실하게 느끼고 있습니다.

돈도 물건과 마찬가지로 비워야 들어온다는 것이 지금의 제 사고방식입니다. 물론 낭비하자는 것이 아니라 잘 고른 물건에 대해서 돈을 쓰는 것은 경제의 선순환에 공헌하는 것이라고 생각합니다.

'지불할 가치가 있는' 물건에 '돈을 써서 다행이다.'라고 느끼면서 사용하는 것이 기분 좋습니다. 돈이 줄었다는 안 좋은 기분으로 사용하는 것이 아니라 '그 돈으로 좋은 물건을 손에 넣을 수 있었다.', '맛있는 것을 먹을 수 있었다.'는 긍정적인 생각으로 돈을 사용하려고 노력하고 있습니다.

==줄이는 것에만 포커스를 맞추지 말고, 우리집에 들어 온 물건을 기분좋게 바라보고 감사하는 마음을 갖는 것이 중요하지 않을까요?==

가계부를 쓰지 않는 대신 신용카드가 아닌 현금을 사용합니다. 일주일에 한 번, 특별한 일이 없는 한 고정금액을 ATM에서 인출합니다. 그리고 그 안에서 살림을 꾸려나가는 감각을 익혔습니다. 그러면 대부분의 가계 지출을 피부로 느낄 수 있고, 돈을 쓰는 기쁨과 감사를 얻을 수 있습니다. 이 정도의 '대충'하는 관리가 저에게는 맞는 것 같습니다.

위화감이 느껴지는 일은 하지 않는다

전에는 작업의뢰를 받으면 '어렵게 연락해주셨는데', '거절하면 미안한데', '수입이 생기니까…'라는 생각으로 전부 맡았습니다. 하지만 가끔은 위화감이 느껴지는 일도 있습니다.

그것은 어느 잡지사의 취재 의뢰였습니다. 발행부수가 많은 유명한 잡지라 감사하다고 생각했어요. 그런데 그 내용이 제가 평소 생활에서 실천하고 있는 것과는 반대인 테마였습니다. 잡지에 실리면 제 이름도 알려지고 좋겠지요. 하지만 결국 마음속의 부정적인 느낌을 믿고 거절했습니다. 그랬더니 그 직후, 제가 정말 실천하고 있는 것을 테마로 한 다른 취재 의뢰가 들어와서 깜짝 놀랐어요. 하지 않기를 잘했다는 생각이 들었습니다.

지금은 제게 맞지 않는, 무리를 해야하는 일은 하지 않겠다고 정해두었습니다. 그것은 일에만 한정된 것이 아니라 생활 전반에 걸쳐서입니다. '하지 않는 일을 정한다'는 '갖지 않는 물건을 정한다'(P.78)와 같은 생각입니다. 어떤 결정을 하든지 기준은 '나에게 있어서 기분 좋은 일인가'입니다. 그것이 무엇보다 중요하며 나에게 있어서 정답이라고 생각하고 있습니다.

공간을 많이 차지하고, 청소 부담이 컸던 식기건조대와 큰 사이즈의 도마는 처분했습니다.
부담을 느꼈다면 정말 '반드시 필요한' 물건 또는 경험인지 의심해보세요.

생각을 정리하는 법 3

가장 중요한 것은 기분 좋은 상태로 있는 것

인생에는 좋은 일도 있고 나쁜 일도 있는 것이라지만 항상 행복했으면 좋겠다는 것이 인간의 본심입니다. 행복의 정의는 가지각색이지만 다른 사람에게 어떻게 보이든 스스로 행복을 느끼고 있다면 그것은 행복.

저 나름대로 골똘히 생각한 결과, 행복이란 좋은 기분으로 있는 상태인 것 같습니다. 복권에서 1등에 당첨됐더라도 불안불안하다면 행복하다고는 말하기 힘들겠지요. 반대로 부자는 아니지만 매일 충실하게 살면서 즐거움을 느끼고 있다면 행복한 것입니다.

그러므로 무언가 기분 좋게 있을 수 없는 답답한 마음이 들 때는 그대로 있지 않고 확실하게 대처하고 싶습니다. 답답한 마음은 현상 그 자체에 문제가 있는 경우에만 생기는 것이 아닙니다. 그 중에는 자신이 '어떤 확신에 사로잡혀있다.'거나 '편견을 갖고 있다.'인 경우도 많이 있으리라 생각합니다.

예를 들면 동료에게 싫은 소리를 들었는데 동료가 나를 싫어하는 것인가 싶어 답답할 때. 그냥 그 기분을 내버려두면 기분이 점점 나빠지기 마련입니다. 아무 근거없이 '아니야, 나를 좋아하고 있어!'라고 생각하는 것도 무리가 있습니다. 그럴 때는 '나를 싫어하는 건가.'라는 감정을 일단 삭제합니다.

'동료에게 싫은 소리를 들었다.' 부분을 객관적으로 보고 ==나에게 좋은 방향으로 다시 받아들입니다.== '일처리가 늦다.'고 했다면 '이러다가 상사에게 찍히니까 좀더 열심히 해!'라는 의미일지도 모른다고 받아들이는 것이지요. '성격이 무뚝뚝하다.'고 들었다면 '나랑 좀 친하게 지내고 싶은 건가.'라는 식으로.

그것이 진실인지 아닌지는 제쳐놓아도 괜찮습니다. 왜냐하면 상대의 말을 호의적으로 받아들이는 것은 상대를 위해서가 아니라 어디까지나 나를 위해서이기 때문입니다. 물건, 장소, 경험의 어디에든

적용할 수 있듯이 사람에게도 좋은 부분을 찾아서 그 부분을 의식하면 그것이 확장된다고 생각합니다.

'저 사람, 사실은 나랑 친해지고 싶어서 그러는 거 아니야?', '정말 업무에 애정을 갖고 있나봐.'라고 생각하게 되면 마음에 여유를 갖고 상대의 말과 행동을 바라볼 수 있습니다. 반면 받아들이는 방법을 바꾸지 않고 '나를 싫어하나봐.'로 끝내버리면 상대의 어떤 말이나 행동도 나에 대한 비꼼이나 악의로 받아들이기 쉽습니다. 그것은 서로의 인간관계를 악화시키고 '좋은 기분'에서 점점 멀어지게 합니다. 상대가 있는 일이므로 간단하게 받아들이는 방식을 바꾸는 것은 한계가 있습니다. 그래도 의식하고 전환하는 연습을 반복해 보면 어떨까요.

선종의 글귀에도 호중일월장(壺中日月長)이라는 말이 있는데 술병 속처럼 한정된 세계도 마음가짐에 따라서 좁아지기도 넓어지기도 한다는 가르침입니다. 즐거운 마음으로 살면 인생을 즐길 수 있습니다. 내 사고방식에 따라서 같은 일이 좋게도 나쁘게도 느껴진다는 것입니다. 답답한 상황을 자신의 기분이 좋은 방향으로 다시 받아들일 수 있다면 좋은 기분을 유지할 수 있습니다.

찾고 있던 물건을 발견하거나 해보고 싶다고 생각했던 작업을 의뢰받는 등 긍정적인 소식이 날아든 것은 언제나 제 기분이 좋을 때였던 것 같습니다. 항상 좋은 기분을 유지하도록 특별히 노력합니다. 잘 생각해보면 '생각한다'라는 행위는 좋은 기분으로 지내기 위해서 존재하는 유용한 수단이 아닐까요?

행복이란 좋은 기분으로 있는 상태가 아닐까요? 매일 충실하게 살면서 즐거움을 느끼고 있다면 그것이 바로 행복입니다.

좋은 감정을 맛본다

매일매일, 일어나는 모든 일에 자신의 감정을 확인합니다. 눈을 감고 '오늘 먹은 디저트는 정말 맛있었어. 다음에 또 먹어야지.', '조금 전에 본 텔레비전프로 재미있었어.' 등 긍정적 감정은 조금 더 길게 맛봅니다. 3초로 끝날 것을 10초 정도 즐기는 느낌.

그러면 사소한 일도 정말 행복하게 느껴집니다. '나는 지금 즐겁다.', '이런 좋은 기분으로 있는 것이 원래의 내 모습이다.'라고 느끼는 것입니다. 그리고 무엇보다 하루 중에 기쁜 시간이 길어지는 것은 즐거운 일입니다.

이런 습관을 기르면 답답한 순간을 받아들이는 것에 민감해집니다. 마음이 답답해지려고 하는 순간을 바로 알아채고 그 때마다 받아들이는 법을 전환할 수 있습니다. 부정적인 감정만 되새기고 있으면 사소한 답답함을 알아채기 어렵습니다. 그러다보면 더 큰 우울함으로 발전되기 쉽습니다.

전력투구하지 않고 대충 한다

매일 바쁘게 살다보면 아무래도 마음의 여유가 없어집니다. 모든 집안일과 육아에 전력투구를 계속하면 심신이 모두 지쳐서 즐겁게 살아갈 수가 없어요. 이럴 때 중요한 것이 대충하는 것. '대충'은 부끄러운 일이 아닌 자신과 가족을 위한 꼭 필요한 스타일입니다.

예를 들어, 지친 날의 저녁 식사는 반찬을 사오거나 배달음식을 먹어도 좋습니다. 만든다면 간단한 파스타 한 접시 정도. 주저앉고 싶은 자신을 채찍질하며 요리 세 개를 만들고 아이들에게 날카롭게 신경질을 내는 것보다 정신 건강에 훨씬 좋다고 생각합니다.

아침식사는 '달걀볶음을 프라이팬째', '샐러드를 밀폐용기째' 식탁에 올려놓고 가족 각자가 자기 접시에 스스로 덜어서 먹습니다. 식구들은 원하는 만큼 덜어먹을 수 있고, 엄마는 편해요.

식탁 등 모두가 공용으로 쓰는 공간에 물건을 놓지 않는 것이 규칙입니다. 물건이 없으면 정리하는 수고를 할 필요가 없어 늘 기분 좋게 지낼 수 있습니다

원래 저는 학창 시절 가정 과목 성적이 엉망이었어요. 집안일을 잘 해낼 것이라고 전혀 기대하지 않았어요. 손재주도 없고 요리를 잘하는 것도 아닙니다. 결혼 초에는 잘해내려고 너무 노력한 나머지 몸과 마음이 완전히 지친 상태였어요. 그 상태를 빠져나온 것은 집안일이 서툴다는 것을 스스로 인정하고 칭찬하면서부터입니다.

앞으로 '난 요리를 잘 못해. 뭐 그래도 괜찮아. 간단한 것으로 만들면 되지.', '난 정리가 서툴러. 뭐 그래도 괜찮아. 물건을 줄이면 돼.'라고 '공들이는 요리'나 '물건'을 비우고 대충한 것입니다.

요리, 세탁, 청소…. 잘하고 못하고 상관없이 즐기면서 해낼 수 있다면 그 편이 좋습니다. ==집안일은 매일 해야 하는 것입니다. 긴장된 상태로 못하는 것을 하는 것보다 즐겁고 느슨하게 할 수 있는 것을 하면 됩니다.== 청소는 대충대충하면 되고 수건을 매일 빨지 않아도 괜찮아요. '이렇게 해야만 한다.', '이렇게 하지 않으면 안 된다.'라는 원칙은 나라에 따라 전혀 반대인 경우도 있습니다. 그렇다면 내 스타일로 밀고 나가면 되지 않을까요? 내가 편한 방식으로 해 나가면 된다고 생각합니다.

매일 해야 하는 집안일은 내 스타일대로 편하게 즐기면서 해 나가면 됩니다.

마음을 다스리는 법 1

가족에게도 지나치게 기대지 않는다

남편은 출장이 잦은 편입니다. 그래서 전에는 '왜 나는 혼자서 육아를 해야하는 걸까, 너무 힘들다, 행복하지 않다….'라고 생각하며 무척 힘들어했어요. 다시 말하면, 제 행복은 '남편이 없다=행복하지 않다'로 늘 남편에 의해 좌우되었던 것입니다.

그때, 제리 힉스와 에스더 힉스가 쓴 책과 만났습니다. 그 책에는 ==나를 행복하게 만들 수 있는 것은 오직 나 자신뿐이며 내가 사물을 어떻게 받아들이는지에 달려있다==고 쓰여져 있었습니다. 그래요, 하나의 사상이라도 받아들이는 방법은 무수히 많습니다. 또 아무리 단순한 일이라도 보는 각도에 따라서 전혀 다른 것이 되기도 하지요. 그 책을 읽고 나서 '이왕이면 모든 것을 내가 행복할 수 있는 쪽으로 받아들이자.'라고 결심했습니다.

남편이 없는 것은 '결여된 상태'가 아니라 '그가 열심히 일하고 있다.'는 상태. '내가 힘든 것은 남편 때문'이 아니라 '육아는 원래 힘든 것. 하지만 그만큼 즐거움도 행복도 가득하다.'라고 바꿔서 생각해보았습니다. 그러자 남편에게 의존했던 마음의 중심이 나의 축으로 제자리를 찾았습니다. 그리고 마음이 무척 편해졌습니다. 의존하면 중심이 기울게 됩니다. 저는 너무 기울어져서 지쳤던 것입니다.

물론 독박육아는 당연히 바람직한 것이 아닙니다. 엄마 혼자서 부담을 안고 아이를 키우는 사회는 뭔가 잘못된 것이지요. 하지만 자신에게 부담이 적은 방향으로 생각해서 지금 이 시간을 행복하게 살아가자는 것입니다.

부부는 별개의 인격

상대에게 지나친 기대를 하면 상대가 그대로 움직여주지 않을 때 화가 나거나 낙담하게 됩니다. 제 남편은 외국인이라서 내 생각대로 되지 않을 때가 있습니다. '상대는 다른 문화권에서 자란 인간이다' 라고 체념하는 부분도 있습니다. 하지만 그것은 일본인끼리라도 마찬가지일지 모릅니다. 다른 환경, 다른 부모 밑에서 자란 상대는 자신과는 별개의 인격이며 가치관이 다른 것도 당연합니다. 내 가치관을 강요하는 것도, 자신이 참고 맞추는 것도 좋지 않다고 생각합니다.

선종의 글귀에 유연심(柔軟心)이라는 것이 있습니다. 고정관념에 사로잡히지 말고 자유로운 마음으로 넓은 시야에서 일체의 사물을 보라는 가르침. 목표는 내가 옳다고 고집하는 것도, 타인에게 가치관을 강요하는 것도, 무리하게 상대에게 나를 맞추는 것도 아닌 '융통성있는 마음'입니다.

'의존한다'와 '의지한다'의 차이

그렇지만 함께 살아가는 이상 상대에게 내가 원하는 바를 전달하지 않으면 트러블이 생깁니다. 그럴 때는 화가 절정인 상태로 말하지 않고 시간을 갖고 마음을 진정시킨 다음에 의견이나 요구를 전달하려고 합니다.

상대방에게 '의존'하는 것과 '의지'하는 것은 다르다고 생각합니다. 의존하는 것은 '상대가 이렇게 해주지 않으면 참을 수 없어.', '이렇게 해주면 난 행복해.'처럼 모든 것이 상대에 의해 좌지우지되는 사고방식.

한편 의지하는 것은 '이렇게 해주면 좋겠다.'고 상대에게 전달한 다음, 신뢰하고 맡기는 행위입니다. 하지만 결코 상대를 조정하려고 하지 않는 자립적인 사고방식입니다. 타인을 바꾸려고 하면 굉장한 노력이 필요하고 스트레스까지 받습니다. 누구나 살면서 경험하게 되는 일입니다. 또 결국은 실패하고 말지요.

사람은 누구든지 타인에 의해서 바뀌는 것을 싫어합니다. 또 그런 것을 느끼면 반발하게 됩니다. 그러므로 먼저 '타인은 바뀌지 않는다.', '타인은 있는 그대로의 모습으로 괜찮다.'라고 인정할 것. 다른 사람에 대해서 생각하는 것보다 '나는 어떻게 할 것인가'를 생각하는 것이 훨씬 중요합니다. 언제나 중심축은 나 자신. 나에게 전념하고 내가 기분 좋은 상태로 있을 것. 내 기분이 좋은 상태면 타인에게 좋은 영향을 줄 수 있습니다. 인간관계에 있어서 그 이상 중요한 것은 없다고 생각합니다.

SNS나 아이 친구 엄마들과의 적당한 거리

SNS와는 일정한 거리를 유지하고 있습니다. 전에는 나도 모르게 페이스북을 들여다보며 많은 시간을 흘려보냈습니다. 그래서 아이콘을 눈에 띄지 않는 스마트폰 뒤쪽 페이지로 옮기고 하루에 한두 번만 체크하기로 결정. 이렇게 하니 휘둘리지 않으면서도 소중한 사람과는 연결되는 딱 좋은 거리감을 유지할 수 있게 되었어요.

또 단체 카톡은 하지 않습니다. 둘째 아들 학부모 그룹의 초대를 받았지만 페이스북으로 SNS는 충분. 유치원 정보는 아이와 친한 친구의 엄마에게나 아이를 데리러갔을 때 기다리며 나누는 이야기로도 충분합니다. 뭔가를 하고 있을 때 띵동띵동 수신음이 들리면 신경이 쓰이고 휘둘리는 느낌이라 피하고 싶습니다. 내가 좋아하는 친구가 있으면 그것으로 충분합니다.

나에게 전념하고, 내가 기분 좋은 상태로 있을 것. 언제나 중심축은 나 자신입니다.

마음을 다스리는 법 2

답답한 마음이 지속될 때는

나쁜 기분이 마냥 지속된다면 이제 '그 생각을 멈출 때'라는 사인으로 받아들입니다.

나쁜 기분은 더욱 안 좋은 기분이 될만한 일을 끌어당긴다고 생각하기 때문에 그렇게 되기 전에 기분 전환. 남편은 재충전을 위해서 텔레비전을 보지만 저는 오히려 잡념이 생기더라고요.

그래서 아래에 소개하는 여러 가지 방법으로 리셋하고 있습니다.

걷는다

답답함에서 벗어나고 싶을 때는 집에 가만히 있는 것보다 밖으로 나가 걷는 편이 좋습니다. 걷다보면 어느새 문제를 긍정적으로 바라보게 되고 컨디션이 좋아집니다. 또 '그토록 마음이 어지러웠는데 지금은 아무 생각도 나지 않네.'라고 느낄 때도 있습니다. 왜 걷는 행위를 참선이라고 하는지 납득이 갑니다.

조사해보니 15분 정도 걸으면 아픔과 스트레스를 경감시키는 '엔돌핀'이라는 뇌내물질이 나온다고 합니다. 20분 정도 걸으면 의욕으로 이어지는 도파민, 30분이면 마음이 평온해지는 세로토닌이 나온다고 하네요. 과학적으로도 납득이 되는 이야기입니다.

거의 매일 마트에 가는데 그 시간에 걷는 참선을 합니다. 조금 돌아서 가면 10분에서 20분 정도인데 걷다보면 정말 기분이 좋아집니다! 이렇게 하면 장을 보면서 운동까지 할 수 있으니 더할 나위없이 좋습니다.

멍하니 있는 시간을 갖는다

뭔가 마음에 걸리는 일이 있을 때는 의식적으로 멍하니 있습니다. 멍하니 그 일을 생각하는 것이 아니라 사고에 초점을 맞추지 않고 그냥 흘려보내는 느낌. 명상은 '무심'으로 들어가는 것이지만 저는 그것이 어려워서 이것으로 대신합니다.

따뜻한 홍차를 마시면서, 공원 벤치에 앉아서, 소파에 드러누워 창문으로 들어오는 바람을 느끼며 눈을 감고 크게 심호흡을 하고 가능한 아무 생각도 하지 않습니다. 무심이 되는 것입니다. 마음이 가벼워지고 기분도 리셋됩니다.

잔다

전철이나 버스에서 5분 정도만 졸아도 기분이 상쾌해집니다.
기분 전환이 잘 되지 않는 날은 아이와 함께 일찍 잠자리에 듭니다.
그러면 다음날 아침엔 대개 마음이 가벼워져 있습니다.

생각은 이른 아침에 한다

밤에는 피곤하기도 하고 감상적이 되기 쉽기 때문에 '생각하기 적당한 시간대'가 아닙니다.
'이렇게 되면 좋겠다.'라는 것은 아침 이른 시간대에 마음에 그려봅니다.
그러면 그 하루의 시작에 힘이 붙어 적극적인 자세로 시간을 보낼 수 있습니다.

거리를 둔다

아무리 진정하려고 마음먹어도 상대방 때문에 짜증이 날 때가 있습니다. 예를 들어 남편에게 그런 마음이 들 때는 외출을 합니다. 그렇게 약간의 거리를 두는 것이지요. 초록이 가득한 길을 걷고 좋아하는 가게를 기웃거리는 사이에 마음이 가라앉습니다. 그러면 남편과 차분하게 대화할 수 있는 상태가 됩니다.

물리적인 거리뿐 아니라 친구와 통화하며 신나게 웃거나 음악을 들으며 깔끔하게 청소를 하는 등 일단 상대와 마음의 거리를 두고 마음을 가라앉힐 때도 있지요. 제대로 리셋이 되면 왜 그렇게 아무 것도 아닌 일로 화가 났었을까, 헛웃음이 날 때도 있답니다.

입버릇을 만든다

기분 전환의 스위치가 되는 입버릇이 있으면 편리합니다. 저는 '이 정도라 다행이야'. 짜증이 막 올라오려고 할 때, '이 정도라 다행이야.'라고 중얼거리면 한없는 짜증의 늪에 빠지는 것을 막아줍니다.

물건을 버린다

물건을 버리거나 방을 정리하는 것도 효과적. 방과 함께 마음까지 정리된 것 같은 개운함을 느낄 수 있습니다. 기분이 새로워져서 좋은 방향으로 생각할 수 있습니다.

걷는 것은 매일의 습관입니다. 초록빛 세상을 바라보면서
한걸음 한걸음 걷다보면 생각이 부정적으로 흐르지 않습니다.

마음을 다스리는 법 3

직감을 믿는다

어쩐지 마음에 걸리는 일, 갑자기 떠오르는 일이 있으면 바로 행동으로 옮기려고 합니다. 잡지에서 끌리는 가게를 보았으면 메모를 했다가 가능한 바로 가 봅니다. 직감적으로 '지금 차를 마시자.', '뉴스를 체크해보자.', '사진을 찍자.'라는 생각이 들면 집안일을 하거나 업무 중이라도 바로 행동으로. 그러면 신기하게도 마음에 걸렸던 일이 해결되거나 나중에 업무에 도움이 되거나 좋은 아이디어가 떠오르는 등 거의 긍정적으로 이어집니다.

집이 지저분했을 때는 이런 일을 경험하지 못했습니다. 많은 물건에 휘둘리면서 몸은 지쳐갔고 풀리지 않는 피곤 때문에 쉬는 날엔 하루종일 뒹굴뒹굴. 어떤 직감의 기미를 느낀 적도 없습니다. ==물건을 줄이고 잡념이 줄어드니 행동으로 이어지는 직감이 작동하게 되었습니다.==

직감은 잠재의식에서 나오는 것으로 누구나 거기에 연결될 수 있다고 합니다. 연결되어 있지 않다는 것은 네트워크에 연결되어 있지 않은 스마트폰처럼 사용할 수 있는 기능을 쓰지 못하는 것과 마찬가지 아닐까요? 그렇다면 직감을 쓰지 않는다는 것은 무척 아까운 일 같아요. 원래 나에게 있는 기능이라면 꼭 쓰고 싶습니다.

과거와 미래에 사로잡히지 않고 물건을 줄이고 생활을 심플하고 편하게 만들자 직감력이 길러졌습니다. 생각도, 과거와 미래, 일의 성패를 지나치게 생각하지 않고 ==직감을 중시하며 '지금 여기, 눈앞의 일'에 집중하며 생활을 즐기고 싶습니다. 그것이야말로 내가 존재하고 싶은 모습이며 살아가고 싶은 길입니다.==

Column 4

모두의 1일 1개 버리기

여러 사람의 '1일 1개 버리기'를 살짝 구경해 보세요!

20대 여성

화장품 사는 것을 좋아합니다.
하지만 어울리지 않거나 오래된 물건도 많아 이번 기회에 모아서 처분하기로.
수납 공간에 여유가 생겨서 물건을 꺼내기 쉬워졌기 때문에
화장 시간 단축으로 이어졌습니다.

day 1	*day 2*	*day 3*
손전등	휴대폰 배터리	화장품

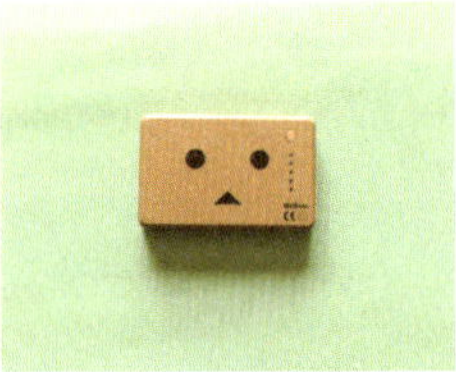

day 4	*day 5*	*day 6*
향수	선크림	바디크림

day 7	*day 8*	*day 9*
기타줄	명품 빈 상자	영어사전

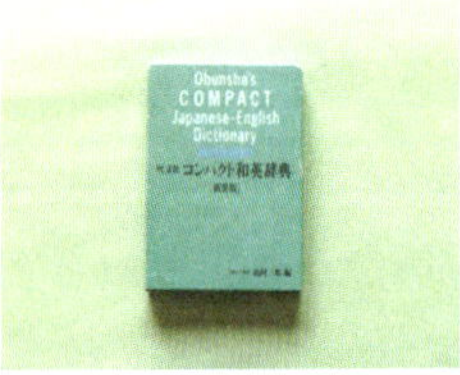

day 10	*day 11*	*day 12*
목욕가운	재봉용 천	토트백

30대 여성

이사를 한 후 아이들이 더 이상 쓰지 않는 물건이나 젊은 시절 추억의 물건 등을 많이 발견했습니다. 실제로 쓰지 않는 물건을 줄여 어렵게 마련한 새 집을 깔끔하게 만들고 싶은 의욕으로 넘칩니다.

day 1		day 2		day 3
아로마 디퓨저		연하장		여행기념품으로 산 가면

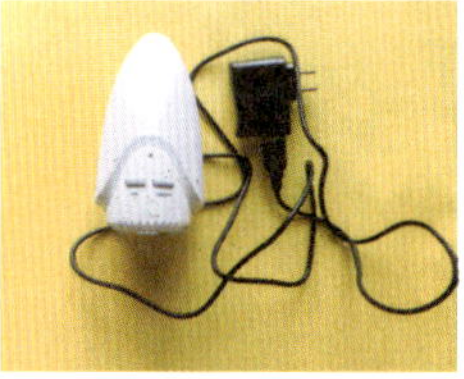

day 4		day 5		day 6
선크림		스탠드		지갑

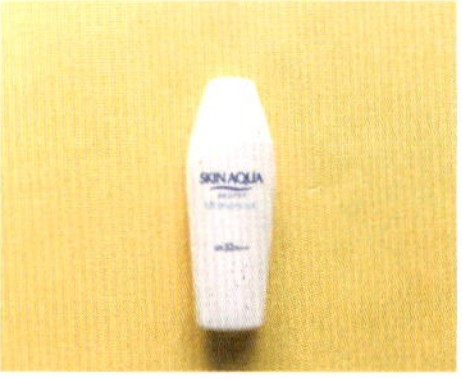

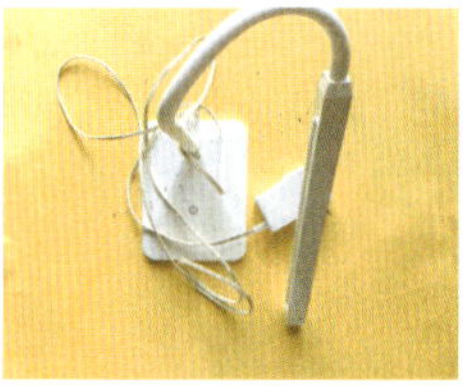

day 7		day 8		day 9
빈캔		제과 재료		아이 모자

day 10		day 11		day 12
아이 카드게임		아이 배낭		손목시계

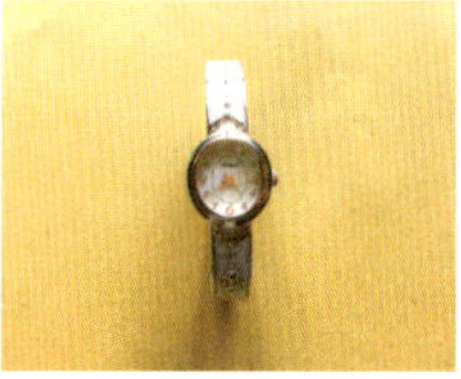

40대 남성

예전에 사용했던 물건을 그냥 보관해두곤 했습니다.
하지만 컴퓨터 관련 상품이나 여행가이드북은 계속 새로운 것이 나오기 때문에
오래된 것은 몇 년을 가지고 있어도 사용하지 않습니다.
'다시 쓸지도 모르니까'하면서 둔 물건은
결국 사용하지 않는다는 것을 실감하고 버렸습니다.

day 1	*day 2*	*day 3*
소프트웨어	수건	VR고글
day 4	*day 5*	*day 6*
여행가이드북	컴퓨터 관련 서적	영양제
day 7	*day 8*	*day 9*
컵	티셔츠	양말
day 10	*day 11*	*day 12*
스웨트 팬츠	노트북	옷걸이

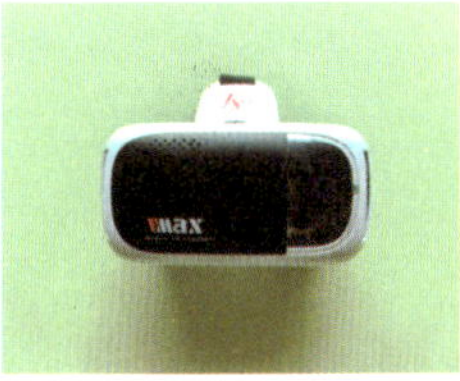

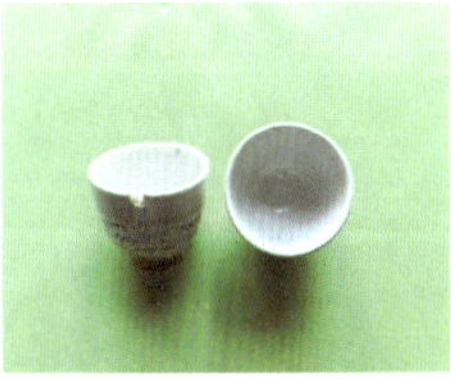

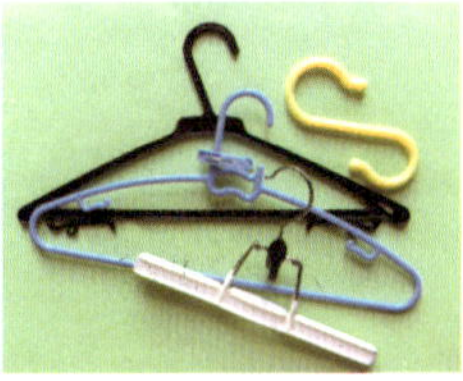

50대 여성

예전에는 항상 집에 손님을 초대해 차를 마셨지만
최근에는 집으로 오는 경우는 거의 없고 카페 등에서 만납니다.
전에 사용했던 손님용 물건은 이제 필요없다는 것을 깨달았어요.

day 1		day 2		day 3
구강케어 용품		핸드 크림		스킨케어 크림
day 4		day 5		day 6
과자통		라디오가 부착된 손전등		과자 쟁반
day 7		day 8		day 9
머그컵		수건		DVD
day 10		day 11		day 12
와인잔		포대기		안경

60대 여성

양재가 취미라서 관련 용품이 점점 늘었습니다.
물건이 늘어나니 작업대가 파묻혀서 정작 양재가 어려워져서 버리기로 했습니다.
원래 물건이 많은 편은 아니었지만 집이 더욱 깔끔해졌어요.

day 1	*day 2*	*day 3*
접는 우산	중인방 훅	다리미

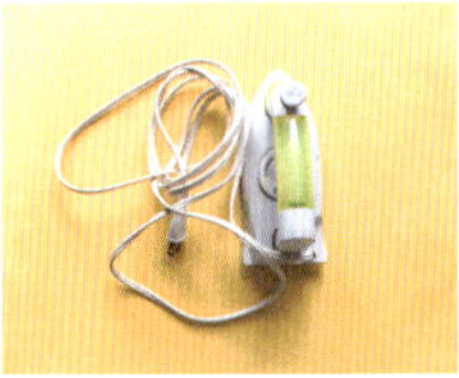

day 4	*day 5*	*day 6*
주방용 장갑	물안경	양말

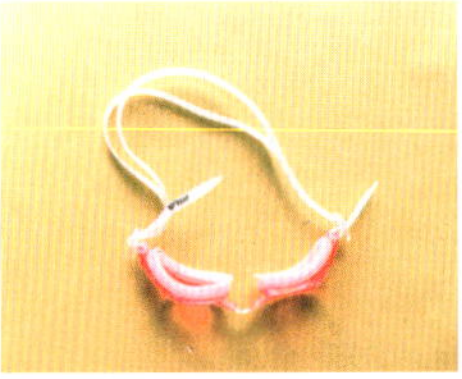

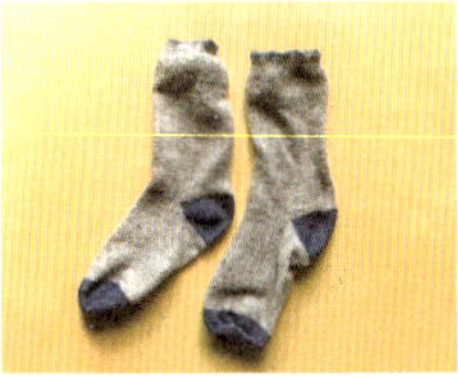

day 7	*day 8*	*day 9*
꽃병	빈 상자	헤어왁스

day 10	*day 11*	*day 12*
원예용 가위	가죽 공예 재료	엽서와 액자

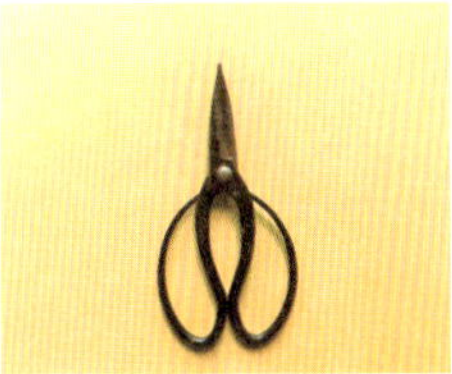

70대 남성

집 안의 모습에 익숙해져서 낡았는데도 그냥 두었던
물건의 존재를 이제야 의식하게 되었습니다.
하나씩 처분해나가는 사이에 필요없는 물건을 잔뜩 정리했어요.

day 1		day 2		day 3
모자	파자마 바지	인형

day 4		day 5		day 6
발 마사지용 대나무	책	약

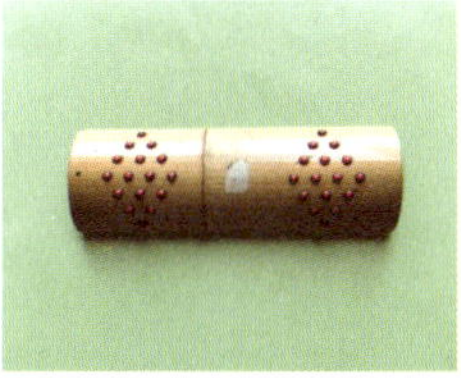

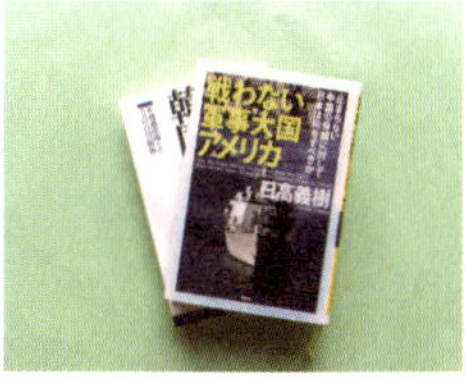

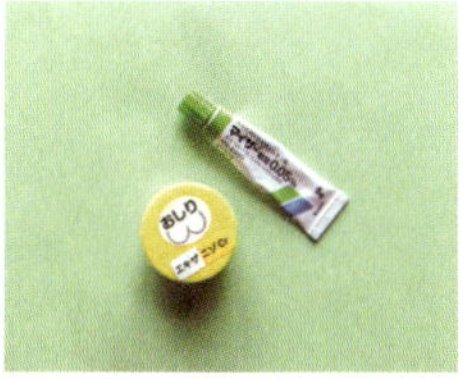

day 7		day 8		day 9
만보계	서예 도구	허리 가방

day 10		day 11		day 12
물뿌리개	재떨이	인형

버린 물건 리스트

1일 1개씩 버린 물건을 기입하는 리스트입니다.
복사해서 반복 사용하기 바랍니다. 자, 우선 한 달 동안 도전해보세요!

date	item	date	item
/		/	
/		/	
/		/	
/		/	
/		/	
/		/	
/		/	
/		/	
/		/	
/		/	
/		/	
/		/	
/		/	
/		/	
/		/	
/		/	

이곳을 체크!

현관
☐ 신발장
☐ 장식선반
☐ 서랍

거실
☐ 테이블 주변
☐ 텔레비전 주변
☐ 책장
☐ 서랍
☐ 다용도 상자

다이닝
☐ 식탁 주변
☐ 선반
☐ 서랍

주방
☐ 물 쓰는 곳
☐ 가스레인지 주변
☐ 조리 공간
☐ 서랍
☐ 냉장고

침실
☐ 옷장
☐ 수납장
☐ 서랍

> 끝으로

누구나 가능한 즐거운 심플라이프!

'저도 홀가분하고 심플하게 살고 싶어요.'

제 블로그나 인스타그램에서 이런 쪽지나 댓글을 많이 받습니다. 심플한 생활이란 쓸데없는 물건이 없는, '자신이 정말 좋아하는 물건'만으로 둘러싸인 생활이라고 생각합니다.

홀가분하고 심플한 생활은 누구든지 간단하게 실현할 수 있습니다.

하루에 한 개씩 필요없는 물건을 비워나가세요. 그러면 결국 자신이 좋아하는 물건만 남습니다. 단지 그것뿐입니다.

하나씩, 조금씩. 약간 시간이 걸리겠지만 그것은 분명히 무척 즐거운 작업이 될 것입니다. 버리는 과정까지 즐기면서 즐거운 심플라이프를 향해서 함께 나아갑시다!

마지막으로 이 책을 멋진 한 권으로 완성해 준 편집자, 포토그래퍼, 디자이너 그리고 늘 응원해주는 여러분께 마음으로부터 깊은 감사를 보냅니다.

미쉘

1-NICHI 1-TSU, TEBANASU DAKE. SUKINA MONO TO SUKKIRI KURASU by Michelle
Copyright © 2017 Michelle
All rights reserved.
Original Japanese edition published by Mynavi Publishing Corporation
This Korean edition is published by arrangement with Mynavi Publishing Corporation, Tokyo
in care of Tuttle-Mori Agency, Inc., Tokyo through Botong Agency, Seoul.
Korean translation copyright © 2018 by Happy Dream Publishing co.

이 책의 한국어판 저작권은 Botong Agency를 통한 저작권자와의 독점 계약으로 즐거운상상이 소유합니다.
신 저작권법에 의하여 한국 내에서 보호를 받는 저작물이므로 무단전재와 무단복제를 금합니다.

1일 1개 버리기

1판 1쇄 발행 2018년 11월 20일
1판 2쇄 발행 2019년 3월 25일

지은이   미쉘
옮긴이   김수정
펴낸이   정원정, 김자영
편집   홍현숙
디자인   이유진
마케팅   소요프로젝트

JAPAN STAFF
디자인   고토 미나코
사진   나카지마 치에미, 미쉘
일러스트 미쉘
취재   야지마 후미
편집   고마츠자키 유카
기획   우에키 유호

펴낸곳   즐거운상상
주소   서울시 종로구 옥인3길 6-4(누상동 24 상하그린빌 101호)
전화   02-706-9452 팩스 02-706-9458
전자우편 happywitches@naver.com
페이스북 @happydreampub
출판등록 2001년 5월 7일
인쇄   천일문화사

ISBN 979-11-5536-126-9 (13590)

* 이 책의 모든 글과 그림, 디자인을 무단으로 복사, 복제, 전재하는 것은 저작권법에 위배됩니다.
* 잘못 만들어진 책은 서점에서 교환하여 드립니다.
* 책값은 뒤표지에 있습니다.
* 전자책으로 출간되었습니다.